Maxime Ouellet

# Localisation de fonctionnalités dans du code avionique

Maxime Ouellet

# Localisation de fonctionnalités dans du code avionique

## Localisation de fonctionnalités par analyse statique dans du code avionique configuré dynamiquement

Presses Académiques Francophones

**Impressum / Mentions légales**

Bibliografische Information der Deutschen Nationalbibliothek: Die Deutsche Nationalbibliothek verzeichnet diese Publikation in der Deutschen Nationalbibliografie; detaillierte bibliografische Daten sind im Internet über http://dnb.d-nb.de abrufbar.

Alle in diesem Buch genannten Marken und Produktnamen unterliegen warenzeichen-, marken- oder patentrechtlichem Schutz bzw. sind Warenzeichen oder eingetragene Warenzeichen der jeweiligen Inhaber. Die Wiedergabe von Marken, Produktnamen, Gebrauchsnamen, Handelsnamen, Warenbezeichnungen u.s.w. in diesem Werk berechtigt auch ohne besondere Kennzeichnung nicht zu der Annahme, dass solche Namen im Sinne der Warenzeichen- und Markenschutzgesetzgebung als frei zu betrachten wären und daher von jedermann benutzt werden dürften.

Information bibliographique publiée par la Deutsche Nationalbibliothek: La Deutsche Nationalbibliothek inscrit cette publication à la Deutsche Nationalbibliografie; des données bibliographiques détaillées sont disponibles sur internet à l'adresse http://dnb.d-nb.de.

Toutes marques et noms de produits mentionnés dans ce livre demeurent sous la protection des marques, des marques déposées et des brevets, et sont des marques ou des marques déposées de leurs détenteurs respectifs. L'utilisation des marques, noms de produits, noms communs, noms commerciaux, descriptions de produits, etc, même sans qu'ils soient mentionnés de façon particulière dans ce livre ne signifie en aucune façon que ces noms peuvent être utilisés sans restriction à l'égard de la législation pour la protection des marques et des marques déposées et pourraient donc être utilisés par quiconque.

Coverbild / Photo de couverture: www.ingimage.com

Verlag / Editeur:
Presses Académiques Francophones
ist ein Imprint der / est une marque déposée de
AV Akademikerverlag GmbH & Co. KG
Heinrich-Böcking-Str. 6-8, 66121 Saarbrücken, Deutschland / Allemagne
Email: info@presses-academiques.com

Herstellung: siehe letzte Seite /
Impression: voir la dernière page
**ISBN: 978-3-8381-7333-7**

UNIVERSITÉ DE MONTRÉAL

LOCALISATION DE FONCTIONNALITÉS PAR ANALYSE STATIQUE DANS DU
CODE AVIONIQUE CONFIGURÉ DYNAMIQUEMENT

MAXIME OUELLET
DÉPARTEMENT DE GÉNIE INFORMATIQUE ET GÉNIE LOGICIEL
ÉCOLE POLYTECHNIQUE DE MONTRÉAL

MÉMOIRE PRÉSENTÉ EN VUE DE L'OBTENTION
DU DIPLÔME DE MAÎTRISE ÈS SCIENCES APPLIQUÉES
(GÉNIE INFORMATIQUE)
AVRIL 2012

UNIVERSITÉ DE MONTRÉAL


ÉCOLE POLYTECHNIQUE DE MONTRÉAL


Ce mémoire intitulé :


LOCALISATION DE FONCTIONNALITÉS PAR ANALYSE STATIQUE DANS DU
CODE AVIONIQUE CONFIGURÉ DYNAMIQUEMENT


présenté par : OUELLET Maxime.
en vue de l'obtention du diplôme de : Maîtrise ès Sciences Appliquées
a été dûment accepté par le jury constitué de :


M. GAGNON, Michel, Ph.D., président
M. MERLO, Ettore, Ph.D., membre et directeur de recherche
M. ANTONIOL, Giuliano, Ph.D., membre

# REMERCIEMENTS

Je tiens à remercier mon directeur de recherche, Ettore Merlo, pour son encadrement et l'aide précieuse qu'il m'a apportée tout au long de mes travaux. Merci aux partenaires industriels du projet du CRIAQ sur lequel j'ai travaillé, soit CMC Électronique, CAE et MSS. Un merci particulier à CMC Électronique, et plus précisément à Martin Gagnon et Neset Sozen, pour avoir fourni le code source et le support technique nécessaires à la réalisation de ce projet.

Je voudrais de plus remercier mes collègues de recherche François Gauthier, Thierry Lavoie et Dominic Letarte pour leur présence, leurs conseils et nos nombreuses discussions. Merci aussi à Guillaume, Jonathan et Paul, qui ont persévéré avec moi tout au long de nos maîtrises respectives.

Un énorme merci à ma copine Amélie, qui a su m'appuyer et me tolérer tout au long de la dernière année et demie. Enfin, je remercie mes parents qui ont cru en moi et qui ont su me soutenir moralement depuis le tout début de mes études.

# RÉSUMÉ

La localisation de l'emplacement où diverses fonctionnalités d'un logiciel sont implémentées au sein du code source peut être utile à la compréhension de programme et pour diverses activités de réingénierie. Dans l'industrie avionique, la réingénierie est un sujet d'actualité puisque plusieurs systèmes logiciels doivent être modernisés. Or, cette réingénierie doit conserver la richesse algorithmique des logiciels existants. Les travaux présentés dans ce mémoire visent donc à appuyer les efforts de réingénierie en avionique via l'utilisation d'une méthodologie de localisation de fonctionnalités à partir de l'analyse statique du code source.

Le principal objectif est de définir une telle méthodologie applicable à des logiciels configurés dynamiquement, type de logiciel qu'on retrouve entre autres dans l'industrie avionique. La méthodologie développée se base sur l'extraction d'un graphe de flux de contrôle représentant le code source et l'utilisation de *model checking* pour vérifier diverses propriétés reliées aux fonctionnalités du logiciel. Chacune des étapes de la méthodologie est automatisée, ce qui lui confère un avantage très intéressant par rapport aux autres techniques de localisation de fonctionnalités existantes.

Un second objectif des recherches présentées est d'appliquer cette méthodologie sur un système de gestion de vol provenant de l'industrie avionique. Par la suite, les résultats obtenus sont interprétés afin de déterminer la distribution des différentes fonctionnalités au sein du code source de ce logiciel. Cette distribution est présentée en termes de quantité de fichiers, de blocs de code et de lignes de code reliés à chaque fonctionnalité.

La technique développée permet d'identifier le code relié à un ensemble de fonctionnalités du logiciel, ce qui serait utilisable dans une optique d'identification de produits logiciels. Les résultats obtenus peuvent donc être utilisés dans le cadre d'une réingénierie du logiciel et peuvent faciliter l'extraction d'un modèle de ligne de produits logiciels.

La méthodologie présentée ici est, à notre connaissance, la première technique automatisée de localisation de fonctionnalités basées sur l'analyse statique. Les résultats obtenus suite à l'analyse du système de gestion de vol montrent que la localisation de fonctionnalités par analyse statique du code source est possible sous certaines conditions. Diverses améliorations, telles que le traitement des pointeurs de fonctions et l'analyse de la propagation des variables, pourraient éventuellement être appliquées à la méthodologie afin d'améliorer sa précision dans certains contextes.

# ABSTRACT

Locating where software features are implemented in source code can be useful to program comprehension and software reengineering. In the avionics industry, reengineering is a hot topic since many software systems need to be modernized. However, this reengineering effort must preserve existing algorithms to allow their reuse. This thesis aims to support avionics software reengineering by using a feature location methodology based on static analysis of the source code.

The main objective is to define such methodology applicable in dynamically configured software, a type of software sometimes found in the avionics industry. The methodology is based on the extraction of a control flow graph representing the source code and the use of model checking to verify properties related to each feature found in the software program. Each step of the methodology is automated, which provides an interesting advantage compared to other existing feature location approaches.

A second objective of the researches presented in this thesis is to apply the developed methodology on a flight management system from the avionics industry. Results are then interpreted to obtain the system features' distribution over the source code. This distribution is presented by number of files, code blocks and lines of code related to each software feature.

The developed methodology allows a user to obtain the source code related to a set of software features, which is information that could be used to identify software products. Thus, results can be used in the context of software reengineering and can facilitate the extraction of a software product line model.

To the best our knowledge, the methodology presented here is the first automated feature location approach based solely on static analysis. Results from the analysis of the flight management system show that locating features using static analysis of the source code is possible under certain conditions. Some improvements, such as considering function pointers and the propagation of variables, could eventually be applied to our methodology to improve its precision in some contexts.

# TABLE DES MATIÈRES

# LISTE DES TABLEAUX

# LISTE DES FIGURES

# LISTE DES SIGLES ET ABRÉVIATIONS

ANTLR    *ANother Tool for Language Recognition*

ASDG    Graphe abstrait des dépendances du système
          (*Abstract System Dependency Graph*)

AST    Arbre syntaxique abstrait (*Abstract Syntax Tree*)

CFG    Graphe de flux de contrôle (*Control Flow Graph*)

CRIAQ    Consortium de Recherche et d'Innovation en Aérospatiale au Québec

FD    Diagramme de fonctionnalités (*Feature Diagram*)

FMS    Système de gestion de vol (*Flight Management System*)

FODA    *Feature Oriented Domain Analysis*

IR    *Information Retrieval*

LOC    Ligne de code *Line Of Code*

MAP    *Mining Architectures for Product lines*

MDD    Développement dirigé par les modèles (*Model Driven Development*)

OAR    *Options Analysis for Reengineering*

SPL    Ligne de produits logiciels (*Software Product Line*)

UML    *Unified Modeling Language*

XML    *Extensible Modeling Language*

# CHAPITRE 1

# INTRODUCTION

Étant donné leur aspect critique, les logiciels développés dans l'industrie avionique sont soumis à plusieurs normes de qualité. Des coûts importants étant reliés au développement et à la certification d'un logiciel, de vieux logiciels demeurent en utilisation durant plusieurs dizaines d'années en évoluant très peu. De plus, afin de minimiser les risques, l'industrie de l'avionique adopte rarement des techniques modernes de développement logiciel, préférant des techniques parfois obsolètes datant de plusieurs années. Pour pallier cette situation, les compagnies d'Amérique du Nord ont créé le projet *NextGen* qui vise à porter de vieux systèmes vers des technologies plus modernes. Ce programme sera appliqué en plusieurs étapes entre 2012 et 2025. Les entreprises doivent donc se moderniser afin d'être conformes aux nouvelles normes qui entreront bientôt en vigueur.

Le développement dirigé par les modèles (*Model-Driven Development, MDD*) est une approche de développement qui gagne en popularité dans le domaine du logiciel critique. Cette approche permet de générer le code et les tests pertinents à partir de la modélisation et des requis d'un logiciel. L'approche intéresse grandement les entreprises en avionique, car la génération automatique d'un produit logiciel et de ses tests leur permettrait de diminuer grandement les coûts de certification associés au développement de logiciels critiques. Toutefois, malgré cet intérêt et l'existence du projet *NextGen*, il demeure très difficile pour une compagnie en avionique de moderniser ses techniques de développement et le logiciel qu'elle développe. D'une part, les compagnies peuvent difficilement se permettre d'arrêter leurs projets en cours pour se concentrer sur la refonte de leurs applications. D'autre part, les coûts associés à la modernisation des logiciels développés sont énormes.

Une solution idéale à ce problème est d'effectuer une réingénierie des logiciels existants afin de permettre l'utilisation de techniques de MDD. Par ailleurs, une approche de modélisation par ligne de produits logiciels (*Software Product Lines* ou SPL) est d'un certain intérêt, puisque ce type d'approche permet de modéliser des produits logiciels spécialisés pour divers clients au sein d'un même modèle. Toutefois, la construction d'un modèle de SPL utilisable dans le cadre de MDD, et ce à partir d'un logiciel existant, est un problème complexe. Dans cette optique, les recherches présentées ici proposent une méthodologie de localisation de fonctionnalités dans du code source existant, le tout afin d'aider à la réingénierie d'un système logiciel et éventuellement à la construction d'un modèle de ligne de produits logiciels.

## 1.1 Définitions et concepts de base

### 1.1.1 Lignes de produits logiciels

Dans le domaine de l'avionique, il est fréquent qu'un même logiciel doive être personnalisé pour différents appareils. Par exemple, deux types d'avions différents pourraient utiliser le même logiciel de base avec quelques modifications spécifiques à chaque avion. Selon la stratégie utilisée par l'entreprise, celle-ci se retrouve alors soit avec deux copies très similaires d'un même logiciel, soit avec un logiciel pouvant être configuré dynamiquement grâce à différentes variables de configuration. Dans les deux cas, la compagnie se retrouve avec des logiciels qui sont en fait un seul produit avec des variations permettant de satisfaire différentes contraintes spécifiques au type d'appareil sur lequel le logiciel est déployé.

Un modèle de SPL permet de représenter plusieurs logiciels ayant des éléments communs au sein d'un même modèle. L'utilisation de ce type de modèle est donc idéale pour une compagnie possédant plusieurs variations d'un logiciel. Deux concepts clés sont habituellement représentés au sein d'un modèle de SPL :

- **éléments communs** : indique qu'une fonctionnalité est commune à tous les logiciels de la ligne de produits ;
- **variabilité** : indique qu'une fonctionnalité est présente dans certains logiciels de la ligne de produits.

Divers langages de modélisation peuvent être utilisés pour représenter une SPL. À titre d'exemple, nous utiliserons ici le langage UML et son mécanisme d'extensibilité des stéréotypes. De plus, bien qu'il soit possible d'utiliser des diagrammes de classes pour modéliser une ligne de produits à un niveau plus détaillé, nous nous contenterons d'utiliser des diagrammes de composants où chaque composant représente une fonctionnalité globale du système. Ainsi, la figure 1.1 représente un exemple d'une partie d'un système avionique représenté grâce à une SPL. Les stéréotypes suivants y sont utilisés :

- **core** : le composant est essentiel et doit être présent dans tous les produits de la ligne ;
- **optional** : le composant est optionnel au sein d'un produit ;
- **variation** : il existe plusieurs variantes de ce composant et chaque produit doit contenir une des variantes ;
- **variant** : le composant est une des variantes possibles de la l'élément de stéréotype variation auquel il est lié.

Il est possible de générer le modèle d'un produit en particulier à partir du modèle d'une SPL. En effet, le modèle de chaque produit peut être obtenu simplement en sélectionnant les composants optionnels désirés et les variantes appropriées pour chaque composant ayant le stéréotype *variation*. Par exemple, pour le modèle représenté à la figure 1.1, la figure 1.2

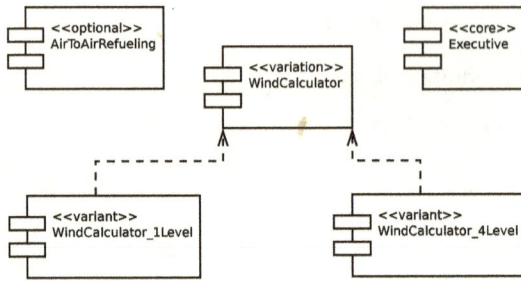

Figure 1.1 Exemple de modélisation d'une ligne de produits

présente deux produits qui pourraient être obtenus via la ligne de produits.

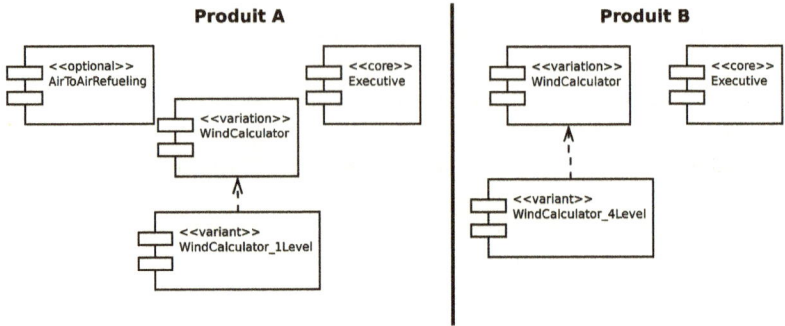

Figure 1.2 Exemple de produits extraits d'une ligne de produits

## 1.1.2 Développement dirigé par les modèles

Le développement dirigé par les modèles est une méthode de développement logiciel se concentrant sur la modélisation d'un système plutôt que sur son implémentation. À la différence des approches de développement plus traditionnelles qui utilisent rarement les artéfacts produits à l'étape de la conception au sein du produit logiciel final, le MDD permet aux architectes logiciels de définir une solution à plusieurs niveaux tout en créant des artéfacts faisant partie du logiciel. Les modèles créés lors de la conception du logiciel sont utilisés pour générer le produit final. Par la suite, du code écrit à la main peut être utilisé pour compléter les parties du logiciel n'étant pas représentées dans le modèle. Grâce à l'utilisation de méthodes formelles, il est aussi possible de générer certains tests logiciels.

Le MDD permettant de travailler à un niveau d'abstraction plus haut que le code source, il offre l'avantage d'être plus accessible dans certains contextes. De plus, en prenant pour acquis que le générateur de code utilisé ne contient pas de défauts majeurs, le développement dirigé par les modèles permet d'obtenir un produit correspondant exactement au système modélisé. Toutefois, étant donné que les modèles sont moins flexibles que du code, l'utilisation du MDD implique une plus grande difficulté à effectuer des changements importants au produit. Néanmoins, les outils de développement dirigés par les modèles sont habituellement plus formels que les méthodes de développement standards, ce qui offre un avantage considérable pour les compagnies développant des logiciels critiques comme c'est le cas dans le domaine de l'avionique.

## 1.2 Éléments de la problématique

Plusieurs compagnies du domaine de l'avionique désirent passer à un mode de développement logiciel dirigé par les modèles. De plus, afin de moderniser leurs produits, ces compagnies sont intéressées à effectuer une réingénierie de leurs logiciels existants afin de passer au paradigme de la programmation orientée objet. Or, ces entreprises ne désirent pas abandonner complètement leurs logiciels existants et les algorithmes critiques liés aux différentes fonctionnalités qu'ils contiennent, puisque ces logiciels sont pour la plupart en développement depuis plus d'une dizaine d'années. Pour cette raison, le passage au MDD doit s'effectuer tout en conservant les acquis logiciels. Étant donné l'ampleur des systèmes concernés, l'extraction de ces algorithmes peut difficilement être effectuée à la main de façon efficace. Il y a donc un intérêt pour une méthode d'identification automatique des algorithmes et du code relié à certaines fonctionnalités du système. Une fois identifiées, ces sections critiques du code source pourront être incorporées dans les modèles à développer afin d'appliquer du MDD. La présente recherche propose une telle méhodologie d'identification des fonctionnalités d'un logiciel.

Le concept des lignes de produits logiciels est également très intéressant pour le domaine de l'avionique. En effet, les produits développés dans cette industrie sont souvent personnalisés pour les divers appareils sur lesquels ils sont déployés : avions de différentes compagnies, hélicoptères, véhicules militaires, etc. Chaque logiciel existe donc en plusieurs versions, chacune incorporant des fonctionnalités communes à tous les produits et des fonctionnalités ayant des variantes. Afin d'implémenter de façon efficace le MDD, un modèle de SPL permettant de bien gérer toutes ces variantes entre les produits serait approprié. Typiquement, un modèle de SPL représente les relations entre les diverses fonctionnalités d'un logiciel. Or, afin d'utiliser du MDD, ces fonctionnalités doivent être reliées au code source les implémentant, permettant ainsi de générer un système fonctionnel à partir de modèles. La méthodologie présentée ici vise à aider à la création du lien initial entre les fonctionnalités d'un modèle de SPL et le code les implémentant.

Les travaux présentés dans ce mémoire s'inscrivent dans le cadre d'un projet de recherche du Consortium de Recherche et d'Innovation en Aérospatiale au Québec (CRIAQ). Ce projet est effectué en collaboration avec trois compagnies du domaine de l'avionique : CAE inc., CMC Électronique inc. et Mannarino Systems & Software. Il vise à développer des méthodologies et des outils permettant d'appliquer le MDD et des méthodes formelles pour le développement de logiciels certifiés d'avionique. Ces objectifs incluent le développement de stratégies permettant d'effectuer la réingénierie de vieux logiciels afin de pouvoir appliquer du MDD.

Afin de mener à bien nos recherches, CMC Électronique nous a donné accès à leur système de gestion de vol (*Flight Management System*, FMS), qui est une logiciel configuré dynamiquement. Ce dernier est en développement depuis plus de 15 ans. Son code source est écrit en C et en langage assembleur. Afin d'utiliser le MDD sur ce logiciel, une réingénierie est nécessaire pour obtenir un logiciel orienté objet qui sera modélisé via une SPL. Cette nouvelle mouture du système devra conserver les algorithmes existants du logiciel, puisque ceux-ci représentent l'avantage compétitif du FMS. La méthodologie de localisation de fonctionnalités développée est donc appliquée au FMS afin d'appuyer cet effort de réingénierie.

La distribution des diverses fonctionnalités d'un produit à travers les différents fichiers de code source formant le logiciel présente aussi un certain intérêt, car la complexité d'un logiciel et la facilité à en effectuer la réingénierie sont potentiellement liées à la répartition du code implémentant les fonctionnalités. Il serait logique de croire qu'une fonctionnalité dont l'implémentation est répartie sur des dizaines de fichiers sera plus difficile à extraire et à modéliser qu'une fonctionnalité très localisée. De plus, l'entretien et la mise-à-jour de fonctionnalités dispersées à travers plusieurs fichiers de code nécessite habituellement plus d'efforts. Le calcul de la distribution d'une fonctionnalité à travers le code source d'un logiciel est donc une mesure intéressante pouvant être utile à la réingénierie ainsi qu'à la compréhension d'un logiciel. Ce calcul et l'analyse qui l'accompagne sont effectués ici pour le FMS.

## 1.3 Objectifs de recherche

Les objectifs de la recherche sont les suivants :
– Définir une méthodologie de localisation de fonctionnalités au sein du code source d'un logiciel configuré dynamiquement ;
– Appliquer cette méthodologie sur un système avionique industriel, le FMS, afin d'aider à la réingénierie du système ;
– Déterminer la distribution des différentes fonctionnalités au sein du code source du FMS. Cette distribution doit être exprimée en termes de quantité de fichiers, de blocs de code et de lignes de code reliés à chaque fonctionnalité.

## 1.4 Plan du mémoire

La suite de ce mémoire est constituée de cinq chapitres. Le deuxième chapitre consiste en une revue critique de la littérature pertinente. Les sujets couverts par cette revue de littérature sont la représentation d'une SPL, la construction d'un modèle de SPL et l'identification du code relié à une fonctionnalité.

Le troisième chapitre explique la démarche de l'ensemble du travail de recherche effectué. Ce chapitre met en contexte les différents travaux effectués en dehors de l'article présenté au quatrième chapitre et permet d'introduire la méthodologie et les résultats de l'article.

Le quatrième chapitre est une reproduction intégrale de l'article *Mapping Features to Source Code in Dynamically Configured Avionics Software* soumis à la revue scientifique *Journal of Software : Evolution and Process*. Cet article décrit en détail la méthodologie de localisation des fonctionnalités développée et présente les résultats de l'application de cette approche sur un système de l'industrie avionique.

Enfin, le cinquième chapitre contient une discussion générale sur les résultats obtenus par rapport aux objectifs de recherche présentés ci-haut. Plusieurs suggestions d'améliorations pour des travaux futurs sont également proposées. Le dernier chapitre, quant à lui, conclut le mémoire.

## CHAPITRE 2

## REVUE DE LITTÉRATURE

Ce chapitre présente une revue critique de la littérature existante sur les sujets reliés aux recherches présentées dans ce mémoire. La revue de littérature est divisée en trois sections principales. La première section présente différentes techniques de modélisation ayant été développées pour représenter une ligne de produits logiciels. La section suivante explique diverses approches ayant été élaborées par la communauté scientifique afin de construire des modèles de SPL à partir d'un logiciel existant. Enfin, la dernière section présente les recherches reliées à l'identification du code source relié à une fonctionalité.

### 2.1 Représentation d'une SPL

Un modèle de SPL permet de représenter la variabilité au sein d'une famille de produits. Au cours des dernières années, plusieurs techniques de modélisations ont été suggérées, chacune utilisant ses propres concepts et des exemples différents. En 2006, une étude [57] a tenté de classifier et comparer six de ces méthodes en utilisant un exemple commun à chacune. Malgré cette tentative de classification, des dizaines de techniques différentes existent afin de modéliser une SPL. La sélection d'une technique de modélisation appropriée n'étant pas le sujet des recherches présentées ici, cette section ne présentera pas une liste exhaustive des approches existantes. Néanmoins, considérant que l'information que nos recherches visent à extraire servira à peupler un modèle de SPL, il est pertinent de connaître les principales techniques de modélisation d'une SPL.

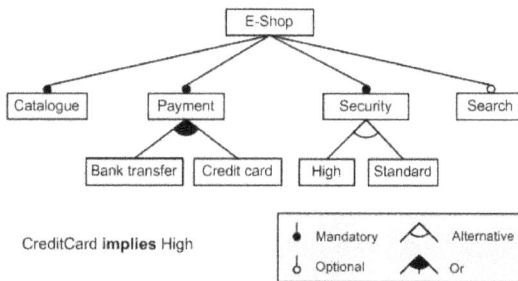

Figure 2.1 Exemple d'un diagramme de fonctionnalités avec une contrainte

La méthode FODA (*Feature-Oriented Domain Analysis*) [32] a introduit au début des années 1990 le concept des fonctionnalités et l'utilisation de diagrammes de fonctionnalités (*feature diagram, FD*) pour effectuer l'analyse du domaine ciblé par un logiciel. Bien que conceptuellement simples, ces diagrammes permettent de modéliser la variabilité d'une ligne de produits au niveau de ses fonctionnalités. Afin de faciliter l'adoption du diagramme de fonctionnalités, les créateurs de FODA ont proposé des lignes directrices permettant d'incorporer efficacement l'ingénierie par les SPL au sein d'un processus de développement logiciel [39, 31]. Un exemple de diagramme de fonctionnalités de base est présenté à la figure 2.1. Typiquement, un FD supporte les relations suivantes entre une fonctionnalité parent et ses enfants :

- **Obligatoire** (*Mandatory*) : la fonctionnalité enfant est requise ;
- **Optionnelle** (*Optional*) : la fonctionnalité enfant est optionnelle ;
- **Ou** (*Or*) : au moins une des fonctionnalités enfants doit être sélectionnée ;
- **Alternative** : une des fonctionnalités enfants doit être sélectionnée.

De plus, deux types de contraintes sont définis. Une contrainte d'implication (*CreditCard implies High* dans la figure 2.1) indique que la sélection d'un élément implique automatiquement la sélection d'un autre élément. Une contrainte d'exclusion, quant à elle, permet d'indiquer que deux éléments distincts ne peuvent être sélectionnés ensemble au sein d'un même produit.

Suite à la publication de FODA, plusieurs variantes et extensions à FODA ont été proposées pour compenser certaines ambiguïtés et le manque de précision des FD, à un point tel que des recherches se sont consacrées à analyser les différentes variantes de FODA et leurs sémantiques [55]. Parmi ces variantes, on remarque notamment FeatuRSEB [25], *Cardinality-Based Feature Modeling* (CBMF) [15, 16], l'approche de Riebisch *et al.* [51], Forfamel [6] et RequiLine [62], pour n'en nommer que quelques unes. Ces variantes ajoutent quelques éléments que les auteurs jugent pertinents, comme par exemple une cardinalité entre les fonctionnalités, des attributs associés aux fonctionnalités ou encore de nouveaux types de relations entre celles-ci.

UML étant un langage de modélisation très connu dans le domaine du génie logiciel, quelques techniques permettant de l'adapter pour la représentation de la variabilité existent. C'est notamment le cas des techniques de modélisation proposées par Gomaa [24] et Ziadi [69, 70]. Leurs approches utilisent les mécanismes d'extension fournis par UML, notamment l'utilisation de stéréotypes, pour représenter la variation et l'optionalité au sein d'une ligne de produits. L'utilisation d'UML pour modéliser une SPL présente l'avantage d'utiliser des types de diagrammes connus dans le milieu de l'informatique. Toutefois, l'utilisation de diagrammes UML pour modéliser une SPL peut rendre la compréhension de cette dernière plus complexe, puisqu'il est habituellement plus naturel de penser à un produit en termes de fonctionnalités plutôt que d'éléments UML.

D'autres techniques de modélisation ont été proposées, notamment COVAMOF [58], Feature Assembly [1], Koalish [7], OVM [47], PLUSS [22], VSL [9] et la technique de van der Hoek [61]. Des outils commerciaux implémentant leurs propres modèles, tels que ConIPF [28], GEARS [37] et Pure : :Variants [12, 49], sont aussi disponibles sur le marché. Bien que toutes ces approches proposent des méthodologies différentes pour modéliser une SPL, les mêmes concepts de base demeurent au coeur des modèles, soit la variation entre les produits et l'optionalité de certaines fonctionnalités. Étant donné que les recherches présentées ici se concentrent sur la localisation de fonctionnalités dans le code source, cette revue de littérature ne détaillera pas chacune de ces techniques de modélisation d'une SPL.

## 2.2 Construction d'un modèle de SPL

### 2.2.1 Réingénierie d'un logiciel existant vers une SPL

La construction d'un modèle de SPL à partir de produits existants est un sujet de recherche très pertinent, puisque le propriétaire d'un logiciel est rarement prêt à sacrifier ses acquis logiciels pour démarrer à neuf avec un tout nouveau modèle de SPL. Plusieurs recherches proposent donc des méthodologies permettant de construire une SPL à partir d'une gamme de logiciels existants.

Les méthodes MAP [60, 46] (*Mining Architectures for Product lines*) et OAR [11, 46] (*Options Analysis for Reengineering*) proposées par le *Software Engineering Institute* visent à aider à choisir entre la réutilisation d'acquis logiciels et la construction de nouveaux acquis. La méthode MAP analyse l'architecture et les attributs de systèmes logiciels existants. Elle permet d'examiner les éléments communs et les variations entre les composantes de ces systèmes. L'application de MAP permet donc d'obtenir de l'information détaillée sur l'architecture de plusieurs systèmes et les liens entre ces architectures, ce qui peut aider au développement d'une architecture SPL. La méthode OAR, quant à elle, peut être utilisée pour identifier les composantes des systèmes existants qui pourraient être réutilisées dans la SPL. Pour chacune de ces composantes, OAR permet d'approximer la quantité de changements qui devraient être apportés aux composantes et de comparer ces approximations au coût et à l'effort requis pour le développement de nouvelles composantes équivalentes. L'utilisation des méthodes MAP et OAR peut donc aider grandement dans la construction d'un modèle de SPL. Toutefois, elles sont relativement difficiles à appliquer de façon systématique sur de gros systèmes industriels, étant donné que chacune de ces méthodes prend un temps non négligeable à appliquer pour chaque système et qu'elles doivent être effectuées manuellement par des experts des systèmes analysés.

Dans le domaine de la robotique, une étude de cas a été réalisée par Kang *et al.* visant à effectuer la réingénierie de systèmes existants pour les transformer en composantes d'une SPL [31, 30]. L'étude de cas est menée sur deux composantes d'un robot multifonctionnel programmées dans un langage orienté objet. En utilisant des outils commerciaux existants et de la connaissance du domaine, les relations entre les objets et l'architecture de chaque composante sont extraites. Par la suite, les interactions entre les différents objets sont obtenues en effectuant une analyse du flux de contrôle de la composante, ce qui permet d'extraire l'architecture du logiciel au niveau des processus et des fils d'exécution. En utilisant toute cette information, un FD détaillant les fonctionnalités existantes dans chaque composante ainsi que les nouvelles fonctionnalités à développer est construit. Les composantes sont ensuite modifiées manuellement afin d'améliorer leur architecture et ainsi permettre leur utilisation au sein d'une ligne de produits logiciels. Il est important de noter que la méthodologie proposée par Kang *et al.* ne permet pas d'extraire la variabilité existante dans un logiciel, mais plutôt de modifier un logiciel existant afin qu'il supporte la variabilité.

Dans le domaine de l'audio et du vidéo numériques, un processus d'élaboration de plateforme de SPL basée sur du logiciel existant a été proposé par des chercheurs de la compagnie Samsung [33]. Ce processus est composé de quatre étapes, soit l'identification et l'analyse des fonctionnalités existantes, l'analyse de la plateforme, la conception de la plateforme et enfin la construction de cette dernière. L'approche mélange de la rétro-ingénierie (*reverse engineering*), pour extraire l'architecture et les composantes du code source existant, et de l'ingénierie vers l'avant (*forward engineering*) sur chaque produit existant afin d'obtenir et de comparer leurs fonctionnalités. En utilisant les données ainsi obtenues, les différentes composantes des logiciels sont classées en diverses catégories, selon la répartition de la composante à travers les produits existants. Ainsi, une composante obligatoire dans tous les produits sera classée dans la catégorie *Core*, une composante spécifique à un produit sera dans la catégorie *Product-specific*, et ainsi de suite. En utilisant ces composantes et leur classification, une architecture pour la SPL est ensuite conçue. Le processus proposé par Samsung présente un certain intérêt, puisqu'il a déjà été utilisé dans l'industrie sur des systèmes d'une taille non négligeable. Toutefois, cette méthode a le désavantage de nécessiter plusieurs produits distincts pour être applicable, en plus de nécessiter un investissement de temps significatif pour extraire l'information sur les différentes composantes existantes et les classifier.

Une méthodologie détaillée pour restructurer une composante logicielle contenant plusieurs configurations a été proposée par Kolb *et al* [34]. La composante étudiée dans le cadre de leurs recherches peut être configurée pour supporter diverses fonctionnalités grâce à la compilation conditionnelle du préprocesseur C. L'approche implique de documenter la conception et la variabilité de la composante, puis d'améliorer cette dernière afin qu'elle soit utilisable au sein d'un modèle de SPL. La détection de la variabilité au sein de la composante est effectuée en analysant les commandes du préprocesseur présentes dans le code et en analysant celles-ci manuellement en compagnie d'un expert de la composante. L'amélioration de la composante est effectuée de façon semi-automatique : les expressions conditionnelles du préprocesseur ont été améliorés automatiquement, alors que les autres opérations reliées à la restructuration du code sont effectuées manuellement. Ces tâches manuelles incluent notamment le renommage de fichiers, le déplacement de code, la division de certaines parties du code en plusieurs fonctions et la modification de certains types de données. La suppression de quelques clones et la diminution de la complexité de certaines fonctions est également effectuée. Bien que très intéressante, cette technique est extrêmement coûteuse en temps : en effet, quatre mois et cinq personnes furent nécessaires pour refactoriser une composante utilisée dans près de 30 produits et contenant approximativement 200 000 lignes de code. Il pourrait donc être difficile d'utiliser efficacement cette méthodologie pour des systèmes de plus grande envergure. De plus, l'analyse du code proposée est relativement simple, puisque seuls des outils comme *grep* sont utilisés pour identifier les commandes du préprocesseur pertinentes. L'approche devrait donc être modifiée de façon substantielle pour détecter une variabilité implémentée de façon dynamique au sein d'un logiciel.

### 2.2.2 Extraction d'un modèle de SPL

Les méthodes basées sur une réingénierie manuelle ou semi-automatique du code existant ont le désavantage de nécessiter énormément de temps et de connaissance du domaine afin d'être utilisables. Afin de pallier cet inconvénient, quelques recherches proposent des approches d'extraction d'un modèle de SPL automatiquement à partir d'une famille de produits logiciels existants.

Koschke *et al.* ont proposé une technique permettant de consolider la variabilité de plusieurs logiciels en une ligne de produits [36]. Cette technique utilise la méthode de réflexion développée par Murphy [44, 45] qui permet d'extraire une vue statique de l'architecture d'un logiciel et de comparer cette architecture extraite avec l'architecture théorique du système. Le but de la méthode de réflexion est d'obtenir la divergence entre deux architectures, divergence causée par l'évolution naturelle d'un système. Tout au long de l'analyse, des correspondances entre les composantes équivalentes de chacun des produits sont déterminées, ce qui permet d'éventuellement construire un modèle de SPL. La méthodologie suggérée par Koschke peut être résumée par les étapes suivantes, qui sont effectuées automatiquement par un programme, sauf si spécifié autrement :

1. Sélectionner un produit quelconque et extraire son architecture grâce à la méthode de

réflexion ;

2. Pour chaque produit $m$ non analysé, jusqu'à ce que tous les produits soient analysés :

    (a) Identifier les éléments communs et la variabilité entre l'implémentation de $m$ et les produits $j < m$ déjà analysés grâce à la méthode de réflexion ;

    (b) Ajouter les correspondances entre les composantes de $m$ et les composantes des produits déjà analysés aux correspondances déjà calculées pour les produits $j < m$ ;

    (c) Valider manuellement les correspondances ;

    (d) Compléter manuellement les correspondances et l'architecture du produit $m$, si nécessaire ;

    (e) Incorporer l'architecture de $m$ dans l'architecture SPL en construction contenant l'information des produits $j < m$ ;

    (f) Valider manuellement l'architecture SPL obtenu ;

    (g) Compléter manuellement l'architecture SPL en considérant les variabilités du produit $m$, si nécessaire.

L'approche théorique de Koschke est très intéressante, puisqu'elle permet d'extraire un modèle de SPL à partir de plusieurs produits existants en minimisant les étapes à effectuer de façon manuelle. Toutefois, l'approche n'a été testée que de façon limitée sur quatre variantes d'un même produit et l'extraction d'un modèle de SPL n'a été effectuée que pour deux de ces variantes ayant beaucoup de modules en commun. Il est donc difficile d'évaluer à quel point la méthode est réellement efficace et fonctionnelle.

Une autre approche d'extraction basée sur les diagrammes de services [27] a été proposée par Harhurin et Hartmann [26]. Les diagrammes de services sont similaires aux diagrammes de fonctionnalités, mais sont plus formels. En effet, un diagramme de services agit comme une spécification restrictive d'un système, où chaque service est en quelque sorte une boîte noire définissant une partie d'une fonctionnalité et spécifiant les requis associés aux entrées et sorties de son interface. Étant donné que les logiciels existants ont rarement un diagramme de services pour les représenter, la méthodologie proposée inclut une étape d'extraction des services d'un produit logiciel. Cette extraction s'effectue en analysant le programme de façon statique et dynamique afin d'identifier les contraintes sur les entrées et sorties des composantes du logiciel. Une fois que des diagrammes de services sont obtenus pour plusieurs produits ayant des similitudes, ces diagrammes sont comparés entre eux afin d'obtenir un diagramme de services commun qui représente la ligne de produits. Étant donné que chaque service est formellement défini, cette comparaison des diagrammes est relativement simple à effectuer. Malheureusement, bien que la comparaison des diagrammes de services s'effectue automatiquement et relativement rapidement, l'extraction de ces diagrammes peut s'avérer extrêmement complexe pour un logiciel d'une taille non négligeable, puisque des équations formelles doivent être obtenues pour chaque service afin de garantir l'intégrité de leurs entrées et sorties.

Les recherches de She *et al.* [56] suggèrent une procédure pour extraire des diagrammes de fonctionnalités à partir de logiciels existants. Leur approche prend pour acquis que le nom des fonctionnalités, leur description et leurs dépendances sont disponibles pour le projet logiciel visé par l'extraction. De leur propre aveu, l'effort requis pour extraire une telle information d'un logiciel, lorsqu'elle n'est pas disponible dans la documentation, est considérable. De plus, il n'y a aucun lien de correspondance entre le diagramme de fonctionnalités extrait et le code source du logiciel analysé : leur processus ne nécessite donc pas d'avoir accès au code source pour générer le diagramme.

Les approches décrites ci-haut sont difficilement utilisables dans le cadre de notre projet, puisque nous désirons extraire les fonctionnalités d'un logiciel et localiser ces dernières dans le code source, le tout de la façon la plus automatisée possible. De plus, comme nos recherches portent sur un logiciel configuré dynamiquement, les méthodes nécessitant la comparaison de différents produits ayant chacun leur propre code source ne peuvent être appliquées.

## 2.3 Identification du code relié à une fonctionnalité

Considérant qu'une des compagnies collaborant à nos recherches désire effectuer une réingénierie majeure de leurs logiciels existants en passant de la programmation procédurale à la programation orientée objet, il est pertinent d'améliorer la compréhension du code existant. Ceci peut s'effectuer notamment en identifiant l'emplacement où les diverses fonctionnalités du logiciel sont implémentées dans le code source. Quelques chercheurs se sont penchés sur ce sujet dans le passé, sans toutefois appliquer le résultat de leurs recherches à la réingénierie d'une application vers une ligne de produits.

Une méthode d'identification de fonctionnalités basée sur les cas de test a été proposée par Wilde *et al.* [64, 65]. Leur méthode, nommée la *méthode de reconnaissance*, suggère de construire un ensemble de tests utilisant une fonctionnalité à identifier et un ensemble ne l'utilisant pas. En exécutant ces deux ensembles et en comparant les parties du code ayant été exécutées lors des tests, il est possible d'identifier l'emplacement de chaque fonctionnalité au sein du code source. Cette approche a été testée sur du code en Fortran et une comparaison avec d'autres méthodes d'identification des fonctionnalités [63] a prouvé qu'elle était efficace pour identifier des fonctionnalités contrôlées par des variables d'entrée du logiciel. Des approches similaires utilisant davantage d'heuristiques ont également été suggérées [66, 21], avec des résultats semblables. Malheureusement, l'approche nécessite la construction et l'exécution de plusieurs cas de tests, ce qui peut s'avérer très coûteux en temps dans des logiciels complexes et de grande taille.

Dans leurs recherches, Chen et Rajlich introduisent une technique de localisation interactive des fonctionnalités utilisant le graphe de dépendance d'un logiciel [13]. Leur méthode utilise un outil permettant de générer le graphe de dépendance du système et de naviguer à travers ce graphe. Via cet outil, un utilisateur doit sélectionner un point de départ dans le graphe, puis naviguer le graphe jusqu'à ce que toutes les composantes reliées à la fonctionnalité recherchée aient été atteintes. Il s'agit d'une approche intéressante, mais très peu automatisée. Comme un parcours manuel du graphe de dépendance doit être effectué par un utilisateur pour chaque fonctionnalité, cette méthode ne pourrait pas être utilisée efficacement sur un gros système contenant des centaines de fonctionnalités. Pour ce faire, des modifications significatives devraient donc être apportées afin d'automatiser davantage certaines étapes de la méthodologie.

Un autre type d'approche pour la localisation des fonctionnalités est basé sur les techniques de récupération d'information (*Information Retrieval*, IR) permettant de récupérer la traçabilité entre le code source et la documentation d'un logiciel [3, 42]. Les quelques approches de ce type [43, 68] se basent sur les noms donnés aux fonctions d'un logiciel et à leurs arguments pour identifier l'emplacement des fonctionnalités au sein du code source. En utilisant des descriptions en langue naturelle des différentes fonctionnalités du système, ces méthodes bâtissent un corpus de mots clés reliés à chacune des fonctionnalités, puis relient ces mots clés aux fonctions du système. Divers algorithmes sont ensuite utilisés afin d'améliorer les résultats et ainsi identifier chaque fonctionnalité avec une précision convenable. L'utilisation d'IR pour localiser des fonctionnalités ne fonctionne toutefois que sous certaines conditions. Tout d'abord, il est nécessaire qu'une description de chaque fonctionnalité du système soit disponible et que le nom des différentes fonctions du logiciel soit relié aux fonctionnalités qu'elles implémentent. De plus, ces techniques ne fonctionnent que pour une certaine granularité, puisque les fonctionnalités ne peuvent être détectées qu'au niveau des fonctions. Il serait donc impossible de les utiliser dans le cas où la granularité requise serait plus fine, comme par exemple dans le cas de fonctionnalités implémentées au niveau des fragments de fonctions.

De leur côté, Eisenbarth *et al.* ont développé une approche combinant des analyses statiques et dynamiques [18, 19, 20]. Plutôt que de simplement bâtir des cas de tests avec et sans une fonctionnalité recherchée, ce qui permet d'identifier une seule fonctionnalité, leur technique récolte le profil d'exécution de plusieurs scénarios. Un scénario est défini comme étant une série d'actions effectuées par un usager afin d'utiliser une fonctionnalité du logiciel, alors que le profil d'exécution d'un scénario identifie les sections du code source executées lors du scénario. En utilisant de l'analyse de concepts (*concept analysis*), une intersection entre les profils d'exécution de différents scénarios permet d'obtenir le code source relié à une fonctionnalité individuelle ou encore à un ensemble de fonctionnalités. L'utilisation de l'analyse de concepts permet également de déterminer précisément certaines relations entre les fonctionnalités et le code source, comme par exemple l'identification du code source commun à diverses fonctionnalités. Un des avantages principaux de cette approche est qu'elle permet de localiser les fonctionnalités d'un système avec une granularité plus fine qu'au niveau des fonctions : en fait, il serait possible d'avoir une granularité aussi fine que le bloc de base du langage de programmation analysé. Toutefois, seules les fonctionnalités dont l'exécution peut être contrôlée par l'usager sont détectables grâce à cette technique, puisqu'il doit être possible de construire des scénarios gérant l'exécution ou non d'une fonctionnalité.

Antoniol et Guéhéneuc [5] ont proposé une technique utilisant un classement probabiliste des événements ayant eu lieu lors de l'exécution de scénarios d'utilisation spécifiques. Leur approche, spécialisée pour les systèmes utilisant la programmation orientée objet, compare les traces d'exécution d'un programme exécuté sous divers scénarios reliés à une fonctionnalité, puis utilise les probabilités pour identifier les sections du code pertinentes à la fonctionnalité recherchée. Les résultats obtenus sont ensuite récupérés afin de bâtir des micro-architectures représentant un sous-ensemble de l'architecture du système analysé. Ces micro-architectures permettent aux utilisateurs de facilement relier les fonctionnalités du système aux classes qui les implémentent. Il s'agit d'une technique de localisation de fonctionnalités intéressante, puisqu'elle offre une bonne précision en plus de faire le lien entre les fonctionnalités et l'architecture du logiciel. Étant basée principalement sur l'analyse dynamique du logiciel, cette approche présente les mêmes inconvénients que ceux énoncés précédemment dans le cas des approches basées sur l'exécution de tests.

Quelques chercheurs ont fusionné les résultats de plusieurs techniques d'identification de fonctionnalités [48, 17, 41, 67, 68, 50]. La plupart de ces recherches couplent une approche basée sur l'IR avec une approche utilisant de l'analyse statique et dynamique. En général, il a été montré que la fusion des résultats fournis par plusieurs techniques différentes permet de localiser les fonctionnalités avec une précision accrue. À cette fin, un outil de visualisation implémentant plusieurs techniques de localisation de fonctionnalités a d'ailleurs été développé en tant que plugiciel (*plugin*) d'Eclipse [53].

Le système que nous désirons analyser étant un logiciel du domaine de l'avionique ayant près de 20 ans, il ne respecte pas nécessairement tous les principes désormais considérés fondamentaux en génie logiciel. Ainsi, le nom des différentes fonctions du système n'est pas toujours indicateur de ce qu'effectue la fonction. De plus, l'implémentation de certaines fonctionnalités est répartie à travers plusieurs fonctions du code source et il n'est pas garanti que les fonctionnalités soient implémentées au niveau des fonctions. D'autre part, le FMS étant un système temps réel, plusieurs fonctionnalités du logiciel ne sont pas nécessairement activées par un utilisateur, mais sont plutôt appelées automatiquement lors de l'exécution du programme. Enfin, bien que plusieurs tests soient habituellement disponibles pour une application du domaine de l'avionique, les coûts en personnel et en matériel nécessaire pour exécuter ces tests sont souvent considérables. Les approches de localisation par cas de test ou par récupération d'information seraient donc difficilement applicables pour ce genre de systèmes, ce qui implique qu'une nouvelle technique de localisation des fonctionnalités au sein du code source devra être développée pour atteindre nos objectifs.

18

CHAPITRE 3

DÉMARCHE DE L'ENSEMBLE DU TRAVAIL

Ce chapitre présente la démarche de l'ensemble du travail effectué. Ceci inclut d'abord une description des quelques pistes de solutions qui furent explorées en cours de recherche et une justification de leur rejet. S'ensuit une description de la démarche ayant permis d'obtenir la solution retenue présentée dans l'article du chapitre 4.

## 3.1 Solutions explorées

Étant donné le besoin d'effectuer une réingénierie du logiciel, les solutions explorées doivent à la fois mener à une réingénierie du logiciel ainsi qu'à une modélisation de ce dernier en un modèle de SPL. La réingénierie d'un logiciel étant une étape cruciale impliquant la prise de décisions importantes reliées à la conception, son automatisation est difficilement réalisable. En effet, plusieurs décisions critiques doivent être prises lors du passage d'un logiciel développé dans un langage procédural vers un logiciel orienté objet, notamment au niveau de l'architecture et de la conception du logiciel. De plus, le nouveau système orienté objet doit être facilement maintenable et extensible. Pour toutes ces raisons, la réingénierie automatique du FMS n'était pas envisageable dans le cadre de nos recherches.

Le FMS est un logiciel configuré dynamiquement, c'est-à-dire que le code source du logiciel contient en fait plusieurs produits. L'activation des fonctionnalités spécifiques aux divers produits est contrôlée par des variables de configuration du système. Dans le cas du FMS, chaque produit est en fait une version du FMS adaptée pour différents types d'avions. Ceci implique que les méthodes d'extraction de modèles de SPL présentées à la section 2.2.2 ne peuvent être utilisées, puisque nous ne disposons pas du code source de plusieurs produits individuels afin de les comparer entre eux.

### 3.1.1 Extraction de modèle de SPL par analyse dynamique

Le FMS répondant à plusieurs normes de sécurité, des tests extensifs couvrant chaque ligne exécutable du code source sont disponibles. Ces tests sont classés par produit et une version instrumentée du code source permet d'obtenir le code couvert par un ensemble de tests exécutés. En se basant en partie sur les approches dynamiques de localisation de fonctionnalités, la première approche envisagée pour extraire un modèle de SPL fut d'utiliser les traces d'exécution des tests existants pour le FMS.

Puisque chaque produit possède le même code source, une comparaison entre le code couvert par chacun des produits permet de facilement repérer le code commun à tous les produits. Par la même logique, il est possible de déterminer si une instruction du programme est optionnelle ou si elle représente plutôt une variation dans l'implémentation d'une fonctionnalité. Ainsi, supposons une instruction $S_i$, où $i$ est un identificateur unique de l'instruction dans le programme, ayant les propriétés suivantes :

- $S_i.file$ : nom du fichier dans lequel l'instruction se trouve ;
- $S_i.func$ : nom de la fonction dans laquelle l'instruction se trouve ;
- $S_i.numb$ : ordre numérique de l'instruction dans son fichier ($numb = 1$ pour la première instruction d'un fichier) ;
- $S_{ix}.exec$ : statut de l'exécution qui indique si l'instruction $s_i$ a été exécutée (*vrai* ou *faux*) dans un produit $x$.

En utilisant cette notation, chaque instruction du système peut être classée en tant qu'instruction commune à tous les produits, optionnelle ou encore reliée à une variation. En supposant une instruction $S_i$ et deux produits, $P_x$ et $P_y$, les conclusions suivantes peuvent être tirées du statut d'exécution de l'instruction afin de classer chaque instruction par type :

- $S_{ix}.exec = S_{iy}.exec = true \Leftrightarrow S_i$ est une instruction commune aux deux produits ;
- sinon $S_{ix}.exec \neq S_{iy}.exec \Leftrightarrow S_i$ est une instruction optionnelle ou une variation ;
- sinon $S_{ix}.exec = S_{iy}.exec = false \Leftrightarrow S_i$ est une instruction optionnelle ou une variation.

Afin d'avoir des résultats plus intéressants, il est pertinent de joindre les instructions en groupes, ce qui permettra éventuellement d'associer ces groupes d'instructions à des fonctionnalités du système. Ceci peut être effectué en utilisant trois règles qui régissent l'appartenance d'une instruction à un groupe d'instructions. Soit un groupe $C$, trois instructions $S_1$, $S_2$ et $S_3$, et deux produits $P_x$ et $P_y$, les trois règles sont les suivantes :

1. Les instructions d'un groupe doivent être dans la même fonction :

$$(S_1, S_2) \in C \Rightarrow (S_1.file = S_2.file) \wedge (S_1.func = S_2.func) \tag{3.1}$$

2. Les groupes sont formés d'instructions consécutives :

$$(S_1, S_2) \in C \wedge S_1.numb < S_2.numb \Rightarrow$$
$$\nexists S_3(\ (S_1.numb < S_3.numb < S_2.numb) \wedge (S_3 \notin C)\ ) \tag{3.2}$$

3. Les instructions d'un groupe sont toutes du même type dans chaque produit :

$$(S_1, S_2) \in C \Rightarrow (S_{1x}.exec = S_{2x}.exec) \wedge (S_{1y}.exec = S_{2y}.exec) \tag{3.3}$$

Pour construire un modèle de SPL complet, il est nécessaire d'être capable de distinguer les fonctionnalités optionnelles de celles qui sont des variations. Deux approches ont été explorées afin de résoudre ce problème.

La première technique, nommée *différentiation basée sur les clones*, se base sur le fait que les différentes variations d'une même fonctionnalité possèdent habituellement des similitudes au niveau du code source. En utilisant des technologies de détection de clones fournies par l'outil *CLAN* [8] ou autres [10, 35, 52], il est donc possible de détecter si un groupe d'instructions est similaire à d'autres groupes. Il est alors probable que les groupes ayant des similitudes implémentent des variations d'une même fonctionnalité, alors que ceux n'ayant aucune similitude implémentent des fonctionnalités qui sont optionnelles au système.

Une deuxième technique, la *différentiation par analyse de conditions*, se base sur les variables de configuration du système et l'influence de celles-ci sur le flot de contrôle du programme. En utilisant la documentation du logiciel ainsi que de la connaissance du domaine, il est possible de déterminer si une variable de configuration contrôle une fonctionnalité variante ou optionnelle. Puis, en analysant les conditions responsables de l'exécution d'un groupe d'instructions dans certains produits seulement, il est possible d'identifier les variables de configuration responsables de l'exécution du groupe. Comme chaque variable est nécessairement liée à des fonctionnalités variantes ou optionnelles, il devient alors possible de déterminer quel type de fonctionnalité est implémenté par chaque groupe d'instructions.

Malheureusement, ces deux approches de différentiation ne furent jamais testées sur un système réel, puisque l'extraction d'un modèle de SPL par analyse dynamique s'est avérée impossible à effectuer dans le cadre de nos expérimentations sur le FMS. Bien que plusieurs cas de tests classés par produit soient disponibles pour le FMS, ces tests ne sont pas tous automatisés. En fait, une grande majorité des tests existants doit être exécutée manuellement sur du matériel spécialisé, ce qui nécessite habituellement plusieurs centaines d'heures de travail. De plus, puisque le FMS doit être testé en entier avant d'être déployé dans un avion, les tests sont toujours exécutés pour tous les produits en même temps, ce qui implique qu'il n'est pas possible de réutiliser les résultats des tests de déploiement exécutés par le passé.

Pour ces raisons, la couverture de code pour chaque produit n'est pas disponible et ne peut pas être obtenue sans un investissement significatif en temps et en ressources financières. D'autres approches permettant d'aider à la réingénierie du FMS et à la construction d'un modèle de SPL ont donc dû être considérées.

### 3.1.2  Localisation de fonctionnalités - Approches existantes

La possibilité d'identifier les sections du code implémentant diverses fonctionnalités étant d'un grand intérêt pour la réingénierie d'un système et sa modélisation dans un modèle de

SPL, nos recherches nous ont poussé à investiguer les approches existantes dans le but de les appliquer au FMS. On dénombre trois principaux types de techniques afin de localiser des fonctionnalités au sein du code : les approches statiques, les approches dynamiques et les approches basées sur la récupération d'information (IR). Des techniques mixtes combinant plusieurs de ces types sont également disponibles.

Dans le cadre de nos recherches avec le FMS, les approches statiques existantes furent rapidement rejetées. En effet, puisque ces approches suggèrent de construire un graphe représentant le logiciel et de naviguer manuellement au sein de ce graphe, il serait très difficile de les appliquer efficacement sur un logiciel de grande envergure. Ces techniques statiques n'étant pas automatisées, le temps nécessaire pour identifier le code relié à plusieurs dizaines de fonctionnalités sur un système temps réel complexe serait beaucoup trop élevé.

Les approches dynamiques basées sur la comparaison des traces d'exécution obtenues de plusieurs scénarios de test présentent un certain intérêt, puisqu'elles permettent d'obtenir des résultats fiables répondant à nos besoins. Toutefois, tel qu'expliqué à la section 3.1.1, l'exécution de divers scénarios de test est difficilement envisageable dans le cas du FMS pour des raisons monétaires et logistiques. L'application de toute technique de localisation de fonctionnalités n'est donc pas possible dans notre situation, ce qui élimine du même coup la plupart des approches mixtes existantes.

Le troisième type de techniques, celles utilisant de l'IR, se basent sur le nom des diverses fonctions du logiciel et les commentaires entourant celles-ci afin de relier les fonctions aux fonctionnalités qu'elles implémentent. Il est difficile de juger à quel point ces techniques seraient efficaces sur le FMS, puisque leur efficacité dépend de la pertinence du nom des fonctions du logiciel. Cependant, dans la majorité des cas, les techniques d'IR permettent seulement d'identifier du code avec une granularité au niveau des fonctions. Ceci implique que ce type d'approche ne permettrait pas d'identifier des fonctionnalités dont l'implémentation se situe dans des sections spécifiques de certaines fonctions du système, situation qui est fréquente dans le FMS selon les experts du système que nous avons consultés.

## 3.2  Solution élaborée

Les techniques de localisation de fonctionalités existantes n'étant pas applicables pour le FMS, une nouvelle technique à dû être développée. Cette approche doit préférablement être automatique ainsi qu'être utile à la fois pour la réingénierie du FMS et la modélisation d'une SPL. De plus, étant donné que l'analyse dynamique est inapplicable dans notre cas, l'approche de localisation de fonctionnalités doit se baser sur l'analyse statique du FMS.

Un analyseur syntaxique (*parser*) pour le langage C est nécessaire afin de pouvoir appliquer l'analyse statique sur le FMS. Puisqu'un analyseur syntaxique capable de correctement reconnaître et interpréter le code source du FMS n'était pas disponible gratuitement, notre propre analyseur fut développé. Ce dernier a été créé avec l'outil ANTLR (*ANother Tool for Language Recognition*) qui permet de générer un analyseur à partir d'une définition de grammaire. Dans le cas du FMS, cette grammaire doit non seulement supporter le C, mais aussi les quelques sections du code écrites en langage assembleur. Plusieurs macros sont également présentes dans le code et doivent donc être prises en compte. En tout, la grammaire pour le FMS nécessite près de 1000 lignes de code et contient plusieurs centaines de règles de production utilisant près de 80 symboles non terminaux.

La grammaire pour le FMS est convertie en analyseur syntaxique Java par ANTLR. Cet analyseur est ensuite utilisé afin de construire un arbre syntaxique abstrait (*Abstract Syntax Tree*, AST) pour chaque fichier de code du FMS. En naviguant à travers cet AST, il nous est possible d'extraire de l'information pertinente reliée au système analysé. Dans le cas du FMS, un graphe de flux de contrôle (*Control Flow Graph*, CFG) interprocédural est généré en format XML grâce à cet AST. Le chapitre 4 donne plus de détails sur ce CFG et son utilité.

L'article présenté au chapitre 4 est une version intégrale de l'article soumis à la revue scientifique *Journal of Software : Evolution and Process* en date du premier mars 2012. Il décrit la méthodologie de localisation des fonctionnalités dans le code par analyse statique développée dans le cadre de nos recherches. Les résultats reliés à l'application de cette méthodologie sur le système du FMS sont également présentés dans l'article.

CHAPITRE 4

# MAPPING FEATURES TO SOURCE CODE IN DYNAMICALLY CONFIGURED AVIONICS SOFTWARE

Mapping software features to the code that implements them is an important activity for program comprehension and software reengineering. In this paper, we present a novel automated approach to locate features in source code based on static analysis and model checking. This approach focuses on dynamically configured software in which the activation of specific features is controlled by configuration variables. The main advantages of a static approach to feature location are its affordability and applicability to large systems containing hundreds of features. Our methodology is applied to an industrial Flight Management System from the avionics industry. Results show that a static approach to feature mapping is feasible and can locate complex features whose implementation is spread across multiple files and functions.

## 4.1 Introduction

Model-driven engineering allows companies to model software and then generate their systems from models. For companies whose products share a common base, Software Product Line (SPL) models can improve reuse of software assets by benefiting from inter-product commonalities. In order to reuse software assets, companies may want to consider their existing legacy systems while building their new SPL models. This is especially true in the avionics industry, where complex algorithms implementing specific features must be reused in future generations of software. An approach that can help with this perspective is to map implemented features to the legacy code that implements them, thus allowing the reengineering team to quickly find which algorithms to reuse.

System properties and characteristics that are relevant to stakeholders and understandable by both customers and developers, are often referred to as features the product has or delivers. Features can be used to describe commonalities, differences, and variability between systems [15]. They are typically divided into functional and non-functional features. Functional features include services, which are marketable units or units of increment in a product line, and operations, which are internal product functions needed to provide services. Nonfunctional features include distinguishable system characteristics that are not naturally, easily, or intuitively identified in terms of services or operations, such as presentation, capacity, usage, cost, and other quality attributes such as safety, reliability, scalability, performance and portability [31].

In this paper, we refer to the *implementation of a feature* as the set of source code statements participating in the realization of such a feature. The relation between a feature and its implementation is called *feature mapping*, while *locating features* is the process of computing such a feature mapping.

Avionics systems usually have to support a wide range of aircraft, so they are sometimes implemented as dynamically configured software. With this type of system, the products for all supported aircrafts are located within the same implementation, and features are activated or deactivated through conditions in the code. Locating features in dynamically configured software is important, since the implementation of a specific feature may be distributed across multiple files and multiple functions, making features hard to locate efficiently across large software. Knowing where specific features are implemented is also interesting in the context of software evolution. Software systems may evolve due to bug fixes, the need to improve the software or some environment changes, such as new standards. In all these cases, identifying sections of source code that implement a feature can be of great help to the developers, as concluded in [38].

Different approaches to locate features in source code have been proposed, as described in section 4.2.1. However, none can easily be applied to dynamically configured real-time software that exists in the avionics industry. Since real-time avionics software must be executed on specialized hardware with limited accessibility, approaches that include dynamic analysis are expensive to apply, both in time and money. Static feature location techniques are therefore of great interest for this industry because of their affordability. The code instrumentation necessary for dynamic analysis may also alter timing specifications of those systems. Moreover, even if dynamic analysis of the software were possible, the number of features and the complexity of decades old legacy software make dynamic analysis difficult to accomplish, since those techniques require the development of specialized test cases to be developed for each feature.

This article proposes an automated feature mapping technique for dynamically configured software based on static analysis and model checking. Our research objectives are to (1) define an automated feature mapping technique based on static analysis, and (2) evaluate this technique on an industrial software program.

This paper is organized as follows. Section 4.2 lists the research related to our work. Section 4.3 gives the necessary background for our approach. Section 4.4 introduces the goal of our methodology and the necessary conditions. Section 4.5 describes our methodology of our feature location technique. Section 4.6 presents the results from applying our methodology to an industrial system, the FMS. Section 4.7 discusses the results and section 4.8 concludes the paper.

## 4.2 Related Research

This section presents research related to our work. We first discuss existing approaches to locate features in source code. We then provide a quick overview of the model checking technique used in our methodology.

### 4.2.1 Locating features in source code

The pioneers of the feature location field are Wilde *et al.* [64, 65] with their dynamic approach called the *software reconaissance* method, which is based on the execution of test cases. The target program must first be instrumented so that each test case produces an execution trace of the executed blocks or decisions. Then, for a desired feature $f$, a set of test cases using $f$ and another set that does not use $f$ must be built and executed. By comparing the traces of the two sets, it becomes possible to identify which blocks have been executed only when using the feature. Other research [66, 21] has suggested similar approaches using more specialized heuristics to improve the results.

Approaches based on executing test cases require some knowledge of the software, since test cases using specific features must be developed. While this might be rather simple for relatively small software, building all the necessary test cases for large and complex industrial software that contains hundreds of features can be very time consuming. Moreover, executing those tests for real-time sytems that run on specialized hardware, as is the case in the avionics industry, could be complicated because of hardware availability and the time required to run all the necessary test cases.

A semi-automatic method to locate features using the *Abstract System Dependency Graph* (ASDG) has been proposed by Chen and Rajilich [13]. The ASDG basically consists of the functions of the systems and its global variables, linked together by edges that represent function calls and data flow between functions and global variables. Using a tool that allows the user to navigate the ASDG, the user selects a starting point in the ASDG and navigates the graph to find all the components related to a feature's implementation. The method requires the user navigating the ASDG to have experience with the target software. This makes it hard to apply to large systems, since a programmer would need significant experience with the entire software to be able to navigate it. Moreover, the ASDG must be navigated at least once for each desired feature, which implies that a lot of worker-hours would be required to locate many features.

Wilde and Rajilich have compared their approaches in [63]. They conclude that even though both software reconnaissance and dependency graph search are effective, the software reconnaissance method is generally faster, while the dependency graph is more flexible since it is human-guided. However, the efficiency of both methods depends on the implementation of the software. Results tend to show that Wilde's method is better for locally comprehensible code, while Rajilich's approach is better for well modularized code.

Some methods also exist to map features and concepts to source code using information retrieval (IR) [43, 68]. These methods are based on previous work [3, 42] on the retrieval of source code to documentation traceability. Methods based on IR use the names of functions and their arguments in the source code to link them to features. Using a description of these features in natural language, they build a corpus of keywords related to each feature and then link those keywords to the functions of the system. Post-processing by specialized algorithms further enhances the precision of the function-to-feature mapping. However, for methods based on IR to work properly, the name of each function of the software must be significant, which is not always the case in legacy avionics software. Those methods also can't identify any feature implementation at a finer granularity than function level: this means that it would not be possible to detect cases where features are implemented only in specific sections of functions.

Eisenbarth *et al.* [18, 19, 20] combined static and dynamic analysis to locate features and determine the interactions between them. They first used a dynamic approach using execution traces, similar to Wilde and Scully's method, to identify features. Concept analysis was then used to detect interrelations between features. Their technique has been tested on several systems, including a large industrial software program of 1.2 million LOCs.

A technique using a Scenario-based Probabilistic Ranking (SPR) of events executed when running a program under specific scenarios has been developed by Antoniol and Guéhéneuc [4, 5]. Their approach, specialized for object-oriented systems, compares traces of execution of a program under different scenarios related to a feature, and then uses probabilities to identify the sections of the software pertinent to the feature. Using those results, they build micro-architectures, which are subsets of the program architecture, which allow users to relate features to the classes that implement them.

Several studies have combined two or more feature location techniques with good results [68, 48, 17, 41, 67, 50]. IR-based approaches have often been combined with those based on static and dynamic analysis. In general, it has been found that using multiple techniques and merging their results improves feature location accuracy. A visualization tool implementing several feature location techniques is also available as an Eclipse plugin [53].

### 4.2.2    Model extraction and model checking

Our approach was inspired in part by previous work in security analysis [40, 23], where a linear model checking approach was used to extract the access control models of PHP applications. This approach suggests detecting application-dependent security patterns in the source code before building a control flow graph (CFG) annotated with those patterns. The annotated CFG is then converted into multiple model checking automata, one per security pattern. The result of the model checking of each automaton reveals the access control model of the application; that is, the capabilities that are required to execute each statement of an application.

Interestingly, our analysis shares a similar goal from a semantic point of view: we want to identify blocks of statements that are controlled by the same properties. Hence, we were able to reuse the approach presented in [40, 23] practically without modification. This section presents a summary of this technique.

The model extraction uses an annotated CFG and transforms it into an automaton $\mathcal{A}$ suitable for model checking:

$$\mathcal{A} = (Q_\mathcal{A},\ L_\mathcal{A},\ T_\mathcal{A},\ q_0,\ V_\mathcal{A},\ G_\mathcal{A},\ A_\mathcal{A}) \qquad (4.1)$$

where $Q_\mathcal{A}$ is a finite set of states; $L_\mathcal{A}$ is a finite set of labels applied on the states; $T_\mathcal{A} \subseteq Q_\mathcal{A} \times Q_\mathcal{A}$ is a set of transitions; $q_0$ is the initial state; $V_\mathcal{A}$ is a set of variables used in "guards" and "assignments"; $G_\mathcal{A}$ is a set of "guards" that are logical propositions over $V_\mathcal{A}$ and are associated with transitions; and $A_\mathcal{A}$ is a set of assignments that modify the value of variables and are also associated with transitions.

The model extraction is performed by operations that include the rewriting of intra-procedural and inter-procedural nodes, and the identification of property granting edges. The intra-procedural nodes $V_{CFG}$ and edges $E_{CFG}$ are directly rewritten in the automaton $\mathcal{A}$ into the corresponding states $Q_\mathcal{A}$ and transitions $T_\mathcal{A}$. A label $stmt_x$ is applied on each state to indicate which statement in the source code this state corresponds to. The label is formed as $stmt_x$ with $x$ as a unique identifier.

Beside states and transitions, inter-procedural nodes and edges will also produce variables $V_\mathcal{A}$, guards $G_\mathcal{A}$, and assignments $A_\mathcal{A}$. The variables with guards and assignments are used to reproduce the logic of inter-procedural analysis as explained in [40].

Inter-procedural representations in the automaton take time and add complexity; nevertheless, they are essential. Intra-procedural analysis deals only with events that occur inside the scope of a function, but a property affects all statements executed after it even if they are located in other functions.

Thus, some functions that do not grant properties are still affected by properties granted by their calling function. Therefore, intra-procedural analysis alone is not precise enough.

Although, in principle, we could have done the same analysis with static analyses by using an algorithm that operates directly on the CFG, as demonstrated by [54], we preferred to use model checking because of the formal reasoning it offers. Optimized and specialized inter-procedural static analyses are hard to devise and it may be difficult to assess their soundness and complexity. Making an inter-procedural automaton for model checking is at least as difficult as doing an inter-procedural static analysis, but we found reasoning about the formally specified automaton easier than reasoning about an algorithm that operates on a CFG.

Software model checking [14] is the algorithmic analysis of programs to prove properties of their executions. While originating from logic and theorem proving fields, it has now evolved as a hybrid technique, simultaneously making use of analyses traditionally classified as theorem proving, model checking, or dataflow analysis [29].

A well-known limitation of model checking techniques is known as the combinatorial "state explosion problem". Various techniques have been developed over the years to circumvent this problem and analyze increasingly larger software. Among them, we find bounded, symbolic and abstract model checking as well as a large variety of state-space exploration and graph refinement algorithms.

The model checker used in [40, 23] solves the reachability problem of states in automata representing a single property. For the application under study in this paper, we identified 2436 properties, which means that building an automaton representing all the properties of that system would require model checking the effect of all $2^{2436}$ combinations of properties! We therefore analyzed the effect of each 2436 properties independently by producing one automaton for each property.

In the context of this paper, source code related to each feature will be derived from the reachability results produced by the model checker for each automaton.

## 4.3 Background

This section introduces the concept of dynamically configured software and explains the specificities of reengineering for avionics.

### 4.3.1 Dynamically Configured Software

A dynamically configured software program is a system with multiple features that are activated or deactivated through various forms of configuration variables. There is a one-to-one relationship between features and configuration variables: each configuration variable controls the execution of exactly one feature. In this kind of systems, configuration variables are usually set to specific values at the software startup. In some systems, a user interface may also allow to toggle features on or off at runtime. Dynamic configurations are typically used to implement multiple customizable products in the same source code.

Configuration variables of a dynamically configured software may take different forms. In typical cases, where a feature can only be on or off, those variables will be of the *boolean* type to represent the status of their related feature. The boolean type is easy to implement, since it is bounded only to two possible values: *true* or *false*.

More complex cases can occur when a feature has parameters that can take multiple values: for example, a feature that controls screen resolution could potentially be set to multiple different values. In those cases, the configuration variable controlling such a feature could be implemented as an *enum*. Each valid value of the *enum* variable can then represent one possible parameter value of the feature. Like the *boolean* type, the *enum* type is also bounded to a specific number of possible values.

Figure 4.1 shows an example of a typical source code section that could be found in dynamically configured software. The condition found at line 2 modifies the control flow of the software based on the value of the configuration variable $config1$. This variable controls a specific feature of the software. Thus, if this feature is activated, the code in line 3 will be executed, whereas if the feature is deactivated, the code in line 5 will be executed. Code at lines 1 and 7 will be executed in both cases.

### 4.3.2  Software Reengineering for Avionics

Avionics systems have the particularity of having an exceptionally long lifetime. This can be explained by the fact that their life expectancy is directly linked to the aircraft on which they are deployed.

Because of their age, a lot of avionics software all over the world needs to be reengineered.

```
1: stmt1
2: if config1 then
3:     stm2
4: else
5:     stmt3
6: end if
7: stmt4
```

Figure 4.1 Sample code for dynamically configured software

Many programs are still written in a mix of C and assembly language and while new features have been added over time, some code that was written a few decades ago is still being used in new software releases. New standards, such as DO-178C, have recently been issued to allow avionics software to use more modern technology, such as object-oriented programming. Moreover, in order to remain competitive, companies need to modernize their software while preserving their key algorithms. For those reasons, software reengineering is currently a hot topic in this industry.

Since avionics software programs must comply with standards and undergo stringent testing procedures, they have a few particularities which make them interesting targets for static analysis:

- Many avionics companies prevent the use of some hard-to-analyze C constructs or only allow their use for specific situations. This includes dynamic function pointers and statements such as *goto* and *longjmp*.

- Software tests ensure that every line of code can potentially be executed, so there is no dead code. This helps enhance the precision of static analysis. Indeed, static analysis usually approximates that all branches of a control flow statement (e.g an *if* statement) are executable. In the context of avionics software, the absence of dead code guarantees that all branches *are* executable.

## 4.4 Feature Mapping

### 4.4.1 Goal

Our objective is to map features to source code in interprocedural avionics software by combining static analysis and model checking. Our technique works on dynamically configured software and each of its steps is fully automated. It focuses mainly on software systems for which existing approaches that use dynamic analysis cannot be used.

Our goal is to map features by identifying the set of code statements that implements each feature of a software. Another goal is to locate code statements related to a *combination* of features, which implies analysis based on sets of features. This problem is intrinsically combinatorial, especially considering that the number of features in a single program can be quite high. Our methodology resolves those complexity issues by analyzing each feature independently and then merging results.

### 4.4.2 Necessary Conditions

Our feature location approach applies specifically to dynamically configured software. For our methodology to be applicable, some conditions must be satisfied:

– The system must not contain dead code, since static analysis would not be able to determine that some code is unreachable, and thus unreliable results could be obtained for dead code.
– The execution of features must be controlled by a boolean variable or another data type that can be bounded to specific values.

## 4.5 Methodology

The proposed feature location methodology is composed of five steps. For any system for which the methodology is applicable, each step is completely automatic. We assume that the program source code is available and that a parser is available for the programming language of the software. The five steps are the following:

1. **Identify dynamic configuration variables** pertinent to the features;
2. **Find and analyze control statements** that use the identifed configuration variables;
3. **Generate an annotated inter-procedural control flow graph** (CFG) of the source software;
4. **Extract transitive and inter-procedural configuration-controlled statements** using the CFG and model checking;
5. **Map features to source code** using the CFG and the model checking results.

Figure 4.2 presents the feature location process and its related artefacts. The following subsections detail each of the steps of our methodology.

### 4.5.1 Identify Dynamic Configuration Variables

The execution of a feature in dynamically configured software is controlled by its associated configuration variable. Hence, to locate features in the source code, those configuration variables must first be identified, so that their use can then be detected by analyzing the source code. Because our analysis is done using the configuration variables, it is also fundamental to know which variable is related to which feature, either by having a definition for each variable or simply by having meaningful variable names. This knowledge will later be used to establish the relationships between a feature, its configuration variable and the set of code statements controlled by the variable.

The way to obtain this information will differ for each system, depending on its implementation. In many cases, the documentation of the system provides a list of configuration variables together with the files that initialize them. Otherwise, some manual intervention would be needed to extract those variables from the source code.

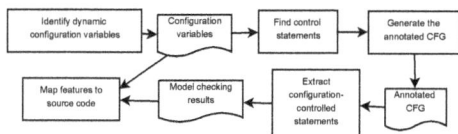

Figure 4.2 Feature Location Process

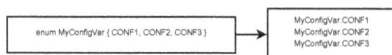

Figure 4.3 Decomposition of an enum variable in multiple configuration variables

While typical configuration variables are of the boolean type, some may be of another data type. For our analysis to be applicable, those data types must be bounded and discrete, so that the cardinality of the set of possible values for the variable is finite. Such data types usually represent a feature with parameters that can take multiple values. Our methodology requires each feature of the system to be considered as boolean: a feature can only be activated or deactivated. This means that configuration variables with parameters need to be interpreted in a way so that this requirement holds. Our solution is to consider each possible parameter value as a standalone feature. Configuration variables are thus converted to multiple boolean configuration variables, each one representing a possible value of its parent configuration variable. Figure 4.3 shows an example for decomposing an enum variable having three possibles values in three variables. The only inconvenience of this technique is that it increases the number of features to consider when analyzing the system, since each generated configuration variable is related to its own feature.

### 4.5.2 Find and Analyze Control Statements

For our analysis, statements of interest are those that can affect the control flow of the program, commonly called control statements. In the case of procedural languages such as C, the control statements include branching statements (*if, else, switch*), loop statements (*for, while, do-while*) and jump statements (*goto, longjmp*). Our feature location technique will need to analyze the conditions found in those control statements to determine the influence of configuration variables on the software control flow. Our approach does not currently consider jump statements because of their hard-to-predict nature. Support for them would need to be added to analyze software systems that use them.

Our goal is to evaluate the influence of variables on each condition. This will allow us to

Table 4.1 Description of control statements groups

| Group | Description | General Form | Condition expression example |
|-------|-------------|--------------|------------------------------|
| A | One configuration variable used as a boolean value | id_confvar | *var1* |
| B | One configuration variable used as a negated boolean value | !id_confvar | *!var1* |
| C | One configuration variable with an equality comparison to a constant | id_confvar == constant | *var1 == c* |
| D | One configuration variable with an inequality comparison to a constant | id_confvar != constant | *var1 != c* |
| E | One configuration variable with a relational comparison (<, ≤, ≥, >) to a constant | id_confvar relop constant | *var1 > c* |
| F | Multiple configuration variables, used as in groups A to E, in conjunction (*and*) | id_confvar (∧ id_confvar)+ | *var1 ∧ var2 == c ∧ var3 < c* |
| G | One or more configuration variables, used as in groups A to E, in conjunction (*and*) with other variables that are not configuration variables | id_confvar (∧ (id_confvar \| id))+ | *var1 ∧ (var2 == c) ∧ (var3 < c) ∧ w1 ∧ w2* |
| H | Multiple configuration variables, used as in groups A to E, in disjunction (*or*) | id_confvar (∨ id_confvar)+ | *var1 ∨ var2 ∨ var3* |
| I | One or more configuration variables used as boolean values in disjunction (*or*) with other variables that are not configuration variables | id_confvar (∨ (id_confvar \| id))+ | *var1 ∨ var2 ∨ var3 ∨ w1 ∨ w2* |
| J | Any expression not in groups A-I that contains configuration variables | Anything not in groups A to I | *!(var1 ∨ var2) ∧ w1 ∧ f()* |

predict the control flow of the software given the value of a set of configuration variable. In most cases, it is relatively easy to determine if a configuration variable is used in a control statement by matching the name of the configuration variable in the condition. Given a specific value of a configuration variable, it then becomes possible to assign each outgoing CFG edge of a control statement to one of the following categories: definitely traversed, may be traversed, or will not be traversed. This assignment is accomplished by analyzing each control statement condition expression that uses at least one configuration variable.

In order to divide the problem of analyzing control statements, our approach divides condition expressions into ten different groups, labeled A to J. Table 4.1 gives a short description, a general form and an example statement for each group. In those examples, $var_x$ are configuration variables, $c$ is a constant and $w_x$ are any variables that are not configuration variables. This section will explain how we chose to analyze statements of each group. For any given example, we will suppose that *enum_var* is an enum variable of type *enum_type* with three possible values: *VAL0*, *VAL1* and *VAL2*.

**Groups A and B** statements are analyzed quickly for boolean configuration variables and it is easy to determine which edges of the control flow will be executed for any given value of the configuration variable. In the case where configuration variables are *enums*, the approach remains simple, since in languages such as C, enum variables are typically evaluated to false if their associated integer value is 0 and to true for every other value. By default, the first declared constant of an enum will evaluate to false, while every other declared constant evaluates to true. For example, given a condition *(enum_var)*, we know that the condition will evaluate to false for the value *enum_var.VAL0*, whereas it would be true for values *enum_var.VAL1* or *enum_var.VAL2*.

A similar analysis can be done for **groups C to E**. However, in these situations, the constant *c* to which the configuration variable is compared must also be taken into account. For boolean variables, this constant will usually be either *true* or *false*, while for enums, it will usually be equal to one of the possible enum values. Thus, if we have a condition *(enum_var != enum_type.VAL1)*, we know that the condition will evaluate to false for the value *enum_var.VAL1*, whereas it would be true for values *enum_var.VAL0* or *enum_var.VAL2*.

**Groups F and G** are analyzed differently, since they are actually conjunctions of multiple conditions from groups A to E. Our strategy to analyze these conditions is to divide them into multiple subconditions. These subconditions are then necessarily either a condition that is in a group that we know how to analyze or a condition that uses a variable that is not a configuration variable. Because of the use of conjunctions, we know that if the condition evaluates to true, then each subcondition must also evaluate to true, which implies that we know the possible values of every configuration variable that makes the condition true. However, a similar conclusion cannot be made if the condition evaluates to false: in this case, the only conclusion we can draw is that each configuration variable contained in the condition may have influenced the execution of this control flow branch.

Conditions from **groups H to J** are harder to analyze because of their use of disjunction or, in the case of group J, because of their overall complexity. Our analysis of those conditions simply concludes that each configuration variable contained in the condition may have influenced the execution of related control flow branches. This is conservative, since our analysis of those conditions recognizes that configuration variables may have an influence on the program control flow, but does not make any definitive conclusion during the control statements analysis.

### 4.5.3  Generate the Control Flow Graph

Generating a control flow graph for a target software program can be accomplished by parsing the program to generate an Abstract Syntax Tree (AST) for each of its source files. Navigating the AST then makes it possible to create a CFG:

$$CFG = (V_{CFG}, E_{CFG}) \tag{4.2}$$

with multiple *entry* nodes $v_{IN_i} \in V_{CFG}$ and their corresponding *exit* nodes $v_{OUT_i} \in V_{CFG}$. Each entry node represents a possible entry point of the system. While most computer programs have a single entry point, supporting multiple entry nodes allows our analysis to be compatible with systems having multiple entry points.

Nodes in $V_{CFG}$ can be of type *generic, call_begin* or *call_end*. Nodes of type *generic* are involved in intra-procedural control flow; nodes of types *call_begin* and *call_end* are used in inter-procedural control flow, since they identify which function is called and where the function call returns in the CFG.

Edges in $E_{CFG}$ can be of type *generic* or *grant*. Edges of type *generic* represent intra-procedural transfers of control that do not depend on any configuration variable; edges of type *grant* represent intraprocedural transfers of control that depend on a non-empty finite set of properties related to configuration variables.

Edges of type *grant* are created for each edge $e_i \in E_{CFG}$ whose source node is a node $v_j \in V_{CFG}$ which represents a control statement using a configuration variable. Condition expressions found in these nodes have been analyzed as described in section 4.5.2. These edges are annotated with a set of properties that represent the results of the control statement analysis. For a configuration variable $x$ used in a control statement node $v_j$, properties of edge $e_i$ can be of multiple types, depending on the influence of $x$ over the condition. The following properties are defined:

- **Gain**$(x)$: if edge $e_i$ is traversed, we know the variable $x$ to be true;
- **Loss**$(x)$: if edge $e_i$ is traversed, we know the variable $x$ to be false;
- **SomehowPlus**$(x)$: if edge $e_i$ is traversed, it may be because of the value of the variable $x$ (used for the if condition *true* edge);
- **SomehowMinus**$(x)$: if edge $e_i$ is traversed, it may be because of the value of the variable $x$ (used for else statements and the if condition *false* edge).

*Gain* and *loss* can be determined for conditions of groups A to F, while *somehowPlus* and *somehowMinus* are used for conditions of groups G to J. *SomehowMinus* properties are also used for *else* branches of group F conditions. Even though *somehowPlus* and *somehowMinus* have similar definitions, the *SomehowMinus* property is necessary because of the way we later extract configuration-controlled statements using model checking, as explained in section 4.5.4.

Figure 4.4 shows a simple condition with a configuration variable *config1* and its associated CFG. The CFG indicates that when the edge from the condition to *b++;* is traversed, the *config1* configuration variable is true, thus leading to a *Gain(config1)* property. On the other hand, when the edge from the *else* to *b−−;* is traversed, *config1* is false, leading to a *loss(config1)* property.

### 4.5.4 Extract Configuration-Controlled Statements

Once properties have been assigned to pertinent edges and the control flow of the system is available through the inter-procedural CFG, a model checking approach is used to determine which statements are controlled by which configuration variables. Our methodology uses the model checking technique described in section4.2.2.

As stated in section 4.5.3, our approach defines four properties for each configuration variable $x_i$: $gain(x_i)$, $loss(x_i)$, $somehowPlus(x_i)$ and $somehowMinus(x_i)$. A CFG edge can grant one or more properties and this information is available simply by taking the system CFG as input. Given a system with $n$ configuration variables, results will be generated by model checking one automaton per property, so $4 \times n$ automata. Since our goal is to locate features across the entire source code, every CFG node is converted to a state in the automaton, which means that each automaton contains $4 \times y$ nodes, where $y$ is the number of nodes in the CFG.

With our model checker, four states $q_{v,j,k}$ are present in the automaton for each node $v$ in the $CFG$ and for each property $P$. In this context, $j$ is the property $P$ satisfaction value of the previous calling context in the inter-procedural call graph and $k$ is the current property $P$ satisfaction value, as defined in equations 4.3 and 4.4.

$$rp(v, \ P) \ =$$
$$(reachable(q_{v,0,0}, \ P), reachable(q_{v,1,0}, \ P), reachable(q_{v,0,1}, \ P), reachable(q_{v,1,1}, \ P))$$

$$(4.3)$$

$$reachable(q_{i,j,k}, \ P) \equiv$$
$$\exists p \ = \ (q_{0,0,0}, \ ..., \ q_m, \ q_{m+1}, \ ..., \ q_{i,j,k}) \mid q_m \in Q_{\mathcal{A}}(q_m, \ q_{m+1}) \in T_{\mathcal{A}}$$

$$(4.4)$$

These reachability profiles are obtained by running the model checker on an automaton that corresponds exactly to the CFG extracted from the source code. For any edge $e$ of the automaton, $e.grant$ represents the set of properties that are granted by edge $e$. Equations 4.5 to 4.8 link each possible state to the original CFG.

$$CFG = (V, E)$$
$$v \in V, e \in E$$
$$reachable(q_{v,0,0}, \ P) \leftrightarrow$$
$$\exists p \ = \ (q_{0,0,0}, \ ..., \ q_m, \ q_{m+1}, \ ..., \ q_{v,0,0}) \nexists e \ = \ (q_m, \ q_{m+1}) \mid P \in e.grant$$

$$(4.5)$$

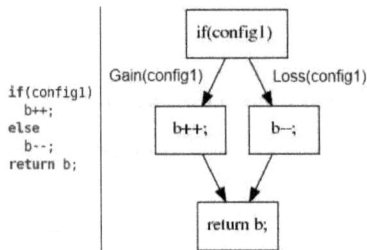

Figure 4.4 Sample Code and Extracted CFG

$$reachable(q_{v,1,0}, \ P)$$
$$\textit{This state is not possible for our input CFG}$$
(4.6)

$$CFG = (V, E)$$
$$v \in V, e \in E$$
$$reachable(q_{v,0,1}, \ P) \leftrightarrow$$
$$\exists p \ = \ (q_{0,0,0}, \ ..., \ q_m, \ q_{m+1}, \ ..., \ q_{v,0,1}) \exists e \ = (q_m, \ q_{m+1}) \mid P \in e.grant$$
(4.7)

$$CFG = (V, E)$$
$$v \in V, e \in E$$
$$reachable(q_{v,1,1}, \ P) \leftrightarrow$$
$$\exists p \ = \ (q_{0,0,0}, \ ..., \ q_m, \ q_{m+1}, \ ..., \ q_{v,0,1}, \ q_{v,1,1}) \exists e \ = (q_m, \ q_{m+1}) \mid P \in e.grant$$
(4.8)

Temporal logic predicates on $v$ and $P$ can be re-stated in terms of temporal logic predicates of automata states and, in turn, on reachability profiles as follows:

$$def^+(P, \ v) \equiv \Box(q_{v,0,1} \vee \ q_{v,1,1})$$
(4.9)

$$CFG = (V, E)$$
$$v \in V$$
$$def^+(P, \ v) \equiv \forall p = (v_0, \ \cdots, \ v) \rightarrow P \equiv$$
$$(\neg(reachable(q_{v,0,0}, \ P))) \wedge$$
$$(\neg(reachable(q_{v,1,0}, \ P))) \wedge (reachable(q_{v,0,1}, \ P) \ \vee reachable(q_{v,1,1}, \ P))$$
(4.10)

For each configuration variable and each property, the model checker outputs the reachable states in the corresponding automaton. Unreachable states do not appear in the results files. Resolving equation 4.10 is thus a simple matter of observing the reachable states in the corresponding results file.

The use of model checking to propagate properties and eventually locate functionalities in the source code has some limitations. Since each configuration variable has four properties, results for each property must be merged together so that conclusions can be made about the influence of the variable on each CFG node. Moreover, since configuration variables are analyzed independently from one another, results must be merged if multiple variables are to be considered together when locating features. For those reasons, some post-processing must be applied to model checking results to map features to source code.

### 4.5.5   Mapping Features to Source Code

While the model checking results provide the reachability profile of the four properties of each configuration variable, these raw results need to be interpreted so that features can be mapped to their related source code. For program comprehension purposes, CFG nodes can be classified according to the influence a nonempty arbitrary set of configuration variables $X$ has on their execution. Discussions with our industrial partners led us to classify each CFG node into one of the following six categories:

- **Unreachable**: the node is not encountered in the model checking;
- **Common**: the node is always executed regardless of the values of the configuration variables in $X$;
- **Necessary**: the node is executed specifically because of the values of the configuration variables in $X$;
- **Maybe**: the node may be executed because of the values of the configuration variables in $X$;
- **Not**: the node is not executed specifically because of the values of the configuration variables in $X$;
- **DeadCode**: the node cannot be executed in the software.

### Results Merging for One Variable

Since the model checking tool analyzes each of the configuration variables separately, two merging steps are necessary to correctly extract the code related to multiple features. We first need to classify each CFG node according to the results for a single configuration variable. Once this has been determined for each requested configuration variable, the results for each variable need to be merged.

This merging needs to be conservative, in the sense that it is preferable to identify unnecessary code for a feature than to lack necessary code. Thus, all our merging needs to take into account the fact that all CFG nodes whose execution is influenced by a configuration variable must be identified. This implies that a CFG node can only be rejected from being influenced by a variable if it is definitely not influenced.

For a single configuration variable, each CFG node can be classified in a category according to the reachability profile of its four properties. This can be done by applying boolean formulas on the possible reachabilities of a CFG node. Since the model checking is done independently for each configuration variable, we first need to determine the category of each CFG node for each configuration variable. For every possible category, an equation can be applied to classify each CFG node $v_i$, for each configuration variable $x_j$.

The **unreachable** category is used to indicate that a node has not been encountered during model checking. This is usually because the node is not part of a function, such as a global variable declaration, or because it is only being called through function pointers, which we do not currently resolve. We can easily detect these nodes because the model checker does not reach them. Thus, any node that is not reachable is considered *unreachable*.

The **common** category represents code that is executed without any influence from the configuration variable. Logically, any CFG node that can be reached without any activated property is common. Moreover, any node that cannot be reached definitely with any of the four properties is also common, since this implies that it is possible to execute the node without any influence from configuration variables.

$$Common(x_i, v_j) = \neg def^+(Gain(x_i), v_j) \wedge \neg def^+(Loss(x_i), v_j) \wedge$$
$$\neg def^+(SomehowPlus(x_i), v_j) \wedge \neg def^+(SomehowMinus(x_i), v_j) \tag{4.11}$$

The **necessary** category is used for code that is necessary because of the value of the configuration variable. Since we want our analysis to be conservative, nodes that can be classified in this category are those that are definitely reached with a gain property while not being definitely reached with a loss property.

$$Necessary(x_i, v_j) = def^+(Gain(x_i), v_j) \wedge \neg def^+(Loss(x_i), v_j) \tag{4.12}$$

The **maybe** category is used for CFG nodes whose execution may or may not be influenced by the configuration variable. Since some conditions are very complex, it is hard to analyze their impact on the program flow. Thus, these conditions lead to the SomehowPlus and SomehowMinus properties which are used to characterize this uncertainty. A CFG node can be classified as maybe if it is definitely reached with a somehowPlus or somehowMinus property. However, it must not also be definitely reached by a gain or a loss (which would classify it in the *necessary* or *not* categories, respectively).

$$Maybe(x_i, v_j) = (def^+(SomehowPlus(x_i), v_j) \lor def^+(SomehowMinus(x_i), v_j)) \land$$
$$\neg def^+(Gain(x_i), v_j) \land \neg def^+(Loss(x_i), v_j)$$

$$(4.13)$$

The **not** category is used for code that is not necessary because of the value of the configuration variable. Since our analysis is conservative, nodes that can be classified in this category are those that are definitely reached with a loss property while not being definitely reached with a gain property. Since those nodes are only reachable *without* the activated configuration variable, we can safely assume that they are not used for the implementation of the associated feature.

$$Not(x_i, v_j) = def^+(Loss(x_i), v_j) \land \neg def^+(Gain(x_i), v_j) \qquad (4.14)$$

The **dead code** category represents code that can't be executed. This happens when a node can be definitely reached with a gain and a loss at the same time. In theory, it should never happen in avionics software, since avionics code can't contain dead code.

$$DeadCode(x_i, v_j) = def^+(Gain(x_i), v_j) \land def^+(Loss(x_i), v_j) \qquad (4.15)$$

It is important to note that a node $v_j$ can only be classified in one category for each configuration variable $x_i$. Appendix 4.9 shows the full truth table of the four properties and their associated category.

**Results Merging for Multiple Variables**

Once each CFG node has been classified for one configuration variable, we need to merge resulting categories for each node with the categories obtained for other configuration variables. This merge needs to be conservative so that we don't lose code that could be necessary to the set of selected features. Table 4.2 shows how this merging can be done for two config-

Table 4.2 Conservative category merging table for multiple variables

| $x_1$ Category | $x_2$ Category | Merged Category | Justification |
|---|---|---|---|
| Common | Common | Common | Same property. |
| Common | Necessary | Necessary | The node is executed because it is *necessary* for one config variable, so it remains *necessary*. |
| Common | Not | Not | The node won't be executed because it is a *not* for one of the config variable, so it remains a *not*. |
| Common | Maybe | Maybe | The node may be influenced by one of the variables, so it remains a *maybe*. |
| Necessary | Necessary | Necessary | Same property. |
| Necessary | Not | Not | If a node is definitely not executed for a config, it will never be executed even if merged with other config variables. |
| Necessary | Maybe | Maybe | Since it is possible that the node won't be executed because of the *maybe*, the conservative approach is to declare the node as a *maybe*. |
| Not | Not | Loss | Same property. |
| Not | Maybe | Not | If a node is definitely not executed for a config, it will never be executed even if merged with other config variables. |
| Maybe | Maybe | Maybe | Same property. |
| DeadCode | Anything | DeadCode | If the code is dead for one of the config variables, it remains dead when merging. |

uration variables, with a textual justification for each merge.

Let $X$ be the set of configurable variables to merge for a specific CFG node $v$: equations 4.16 to 4.20 explain what each classification means for multiple variables.

$$Common(X, v) \leftrightarrow \forall x \in X \mid Common(x, v) \tag{4.16}$$

$$Necessary(X, v) \leftrightarrow \exists x \in X, \forall y \in \{X \setminus x\} \mid$$
$$Necessary(x, v) \wedge (Necessary(y, v) \vee Common(y, v)) \tag{4.17}$$

$$Not(X, v) \leftrightarrow \exists x \in X, \forall y \in \{X \setminus x\} \mid Not(x, v) \wedge \neg DeadCode(y, v) \tag{4.18}$$

$$Maybe(X, v) \leftrightarrow \exists x \in X, \forall y \in \{X \setminus x\} \mid$$
$$Maybe(x, v) \wedge \neg DeadCode(y, v) \wedge \neg Not(y, v) \tag{4.19}$$

$$DeadCode(X, v) \leftrightarrow \exists x \in X \mid DeadCode(x, v) \tag{4.20}$$

By applying those equations, we can classify each CFG node for any set of configuration variables. Since we can link CFG nodes to the source code they represent, this makes it possible to easily map features to their related source code. For any feature $f$ related to a configuration variable, the CFG nodes that implement it are either classified in the *necessary* or the *maybe* categories.

**Results Visualization**

In order to allow users to locate their desired features easily, we developed a small GUI through which the user can select configuration variables and then calculate their results. Results are generated in HTML format, with lines highlighted in a specific color that corresponds to the category of their related CFG node. One HTML file is generated for each file of the source code.

Once results for selected configuration variables have been generated successfully, a results report is presented to the user. This report consists of a list of code blocks that are in the *necessary*, *maybe*, *not* and *deadCode* categories. A code block consists of consecutive lines of code that are in the same category. For each identified code block, its size and its location is shown to the user. For any set of selected configuration variables, this report makes it simple to quickly identify which files implement the desired feature and then locate pertinent lines of code using the highlighting in the generated HTML files.

A major advantage of using code blocks is that our feature mapping is done at statement granularity. Figure 4.5 gives an example of a results report and its related HTML file for the analysis of the *aircraft_type.ROTOR* configuration variable. The example is synthetized because of the sensitive nature of the avionics domain. This report indicates that three code blocks have been classified in the *necessary* category for this variable. The code related to one of these blocks is shown highlighted in green, while the code highlighted in blue is code that was classified in the *common* category and the code highlighted in red is in the *not* category.

## 4.6 Experimentation and Results

### 4.6.1 System Under Study

Our research is done in collaboration with a consortium that includes three companies from the avionics industry. It is part of a project to reduce the costs of certified avionics software by using model-driven development and formal methods. Mapping features to software

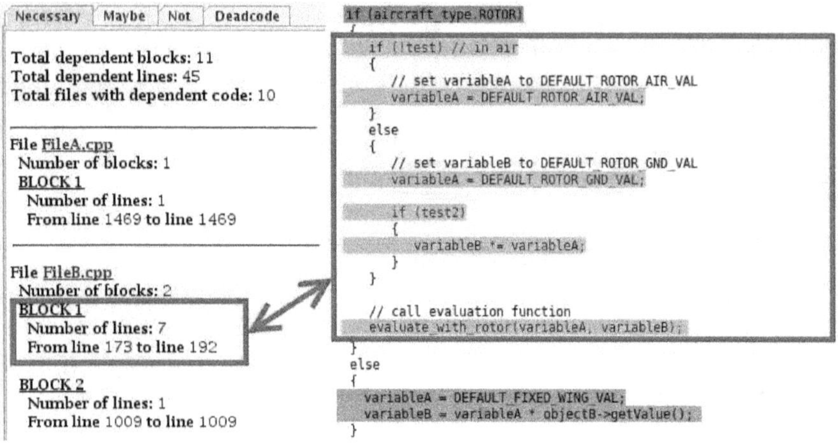

Figure 4.5 Results report and related HTML file for the analysis of the *aircraft_type.ROTOR* configuration variable

is the first step of this project, our goal being to use the resulting knowledge to reengineer the system under study and build models for this system.

We evaluated our feature location methodology on an industrial avionics system provided by one of our partners. The system is a Flight Management System (FMS) that has been in development for 15 years and is currently used in four different types of aircraft. It is almost entirely written in C. The actual FMS resulted from the reengineering of a legacy system entirely written in assembly code and parts of the FMS still contain assembly code. It contains more than a half a million LOCs distributed over a thousand files and functions.

Since the system under study is an avionics system, it must comply with multiple standards and it has some particularities, as described previously in section 4.3.2. Multiple software tests are available for the system since full statement coverage is required for software to be deployed on an aircraft. However, testing the FMS takes a signficant amount of time and money, which means that existing dynamic feature location approaches are costly to apply. Thus, a less expensive feature location technique is of interest for embedded software such as the one under study.

### 4.6.2 Applying the Methodology

The approach proposed in this paper was evaluated on the FMS. Table 4.3 gives the time required to apply our methodology to the FMS system on a Intel Core I7 930 with 6 GB of RAM. While the model checking step takes about two hours (115 minutes) to compute, it is important to note that it only needs to be computed once. Once results from model checking are available, it only takes a few seconds to map any set of configuration variables to source code.

For the FMS, configuration variables were obtained by consulting its documentation, which contained a list of enum variables and indicated that they were all located in a C data structure containing hundreds of enum variables, each of which defines a certain number of constant enum values. Figure 4.6a gives the distribution of the number of enum values defined for each of the 226 variables of the FMS. A total of 629 enum values are defined for the FMS enum variables. It is interesting to note that most of the enum variables can take only two possible values, which means they are basically used as a substitute for a boolean. This design choice was most likely made so that each configuration variable could be used in a similar fashion. Since the identified variables were of type *enum*, they were converted to multiple boolean variables as described in section 4.5.1. Each of the obtained boolean variables is considered as a configuration variable, which means that our analysis takes into account a total of 629 configuration variables.

Analysis of the FMS showed that of all the control statements using configuration variables, 99% of them are *if* statement, with the remaining 1% being *switch* statements. This is not surprising considering that branching statements such as *if* and *switch* are necessary to control whether the code for a feature is executed or not.

As shown in Figure 4.6b, about 82% of the conditions in the FMS are in groups A to E. As explained in subsection 4.5.2, these conditions contain only one configuration variable, which makes them easy to analyze. About 7% of the conditions are part of groups F and G, which we are able to analyze with full precision for the *true* edge of the condition. No condition expressions from groups H and I were found. Thus, for the entire FMS, the only

Table 4.3 Performance of the approach for the FMS

| Step | Time required |
| --- | --- |
| CFG generation and control statements analysis | 26.28 seconds |
| Rewriting the CFG in an automaton (**average** per property) | 0.91 seconds |
| Computing reachability for a property (**average** per property) | 0.17 seconds |
| Total time for rewriting the CFG and computing reachability | 115 minutes |
| Mapping one feature to source code (average) | 11.56 seconds |

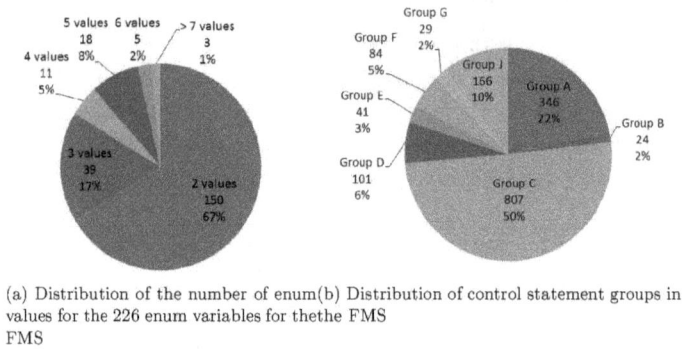

(a) Distribution of the number of enum(b) Distribution of control statement groups in values for the 226 enum variables for thethe FMS
FMS

Figure 4.6 Distribution of (a) enum values and (b) control statements groups in the FMS

conditions for which our analysis is uncertain, which eventually leads to the *maybe* category, are the *false* edges of conditions from groups F-G and the conditions from group K. This means that more than 82% of the conditions of the FMS are analyzed with full precision.

For the FMS, a CFG was generated for each source file. Table 4.4 gives some details about the extracted CFG. This CFG is used as an input to the model checking approach. Since the FMS contains 629 configuration variables with four properties each, our results are derived from model checking 2436 automata. As our goal is to locate features across the entire source code, every CFG node is converted to a node in the automaton, which means that each automaton contains 372 674 nodes. Once model checking is completed, results are available through the GUI presented in section 4.5.5.

### 4.6.3 Results

Results were calculated individually for each of the 629 configuration variables found in the FMS. The graphs in Figures 4.7a, 4.7b and 4.7c present the number of files, code blocks

Table 4.4 Details on the Extracted CFG for the FMS

| # of nodes | 372 674 |
|---|---|
| # of edges | 365 093 |
| # of grant edges | 3248 |
| # of gain properties | 3281 |
| # of loss properties | 3720 |
| # of somehowPlus properties | 4310 |
| # of somehowMinus properties | 2023 |

and LOCs influenced by each configuration variable, and thus by each feature, of the FMS. On average, it was found that a single configuration variable influences the execution of about 420 LOCs, across 12 code blocks and 4 files.

The two most influential configuration variables control the execution of about 36500 LOCs, across 232 code blocks and 92 files. Experts of the FMS confirmed that these two configuration variables are related to a high-level feature which controls multiple sub-features: this explains the large amount of code they control. It is likely that a lot of features are dependent on this high-level feature.

## 4.7 Discussion

Our research shows that for dynamically configured software, mapping features to source code using static analysis is feasible. Our methodology has been assessed on an industrial avionics system and takes only a few hours to automatically match dynamically configured features to their related source code. The only step of our approach whose execution requires more than a few seconds is the model checking analysis. Thus, after the model checker has been executed once for one version of a software, our approach can map any given set of features to its related source code in a matter of seconds.

For the system under study, the FMS, it was found that 50 configuration variables influence more than a thousand LOCs each. Moreover, 43 configuration variables control the execution of code found in more than 10 files, with 25 of those variables related to more than 20 files. This shows that some features are very complex, given that they are implemented across more than a thousand lines of code and ten different files. As for code blocks, 72 features are implemented across more than 20 different code blocks. The repartition of the implementation of some features makes them hard to locate without an in-depth knowledge of the system. This justifies our feature location technique as it can be especially helpful for reengineering tasks related to those features.

Results also show that 418 configuration variables influence less than 50 LOCs. Moreover, 388 configuration variables control the execution of code found in less than 3 files, with 266 of those variables being limited to a single file. As for code blocks, 218 features are implemented in only one or two code blocks. This leads us to believe that some features have a relatively simple implementation which is concentrated in a few code blocks and files. Considering that simpler tools could be able to locate those features, locating them with our approach might not be as helpful as locating more complex ones. However, it could be argued that our feature location technique allows a programmer with no prior knowledge of the software to quickly locate those features, which can be a significant advantage for program comprehension.

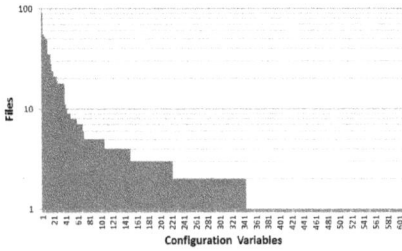

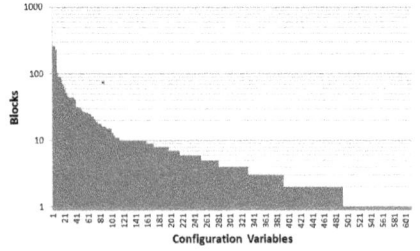

(a) Number of files influenced per configuration variable (b) Number of code blocks influenced per configuration variable

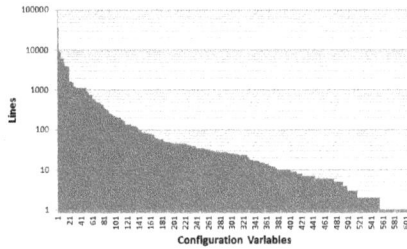

(c) Number of LOCs influenced per configuration variable

Figure 4.7 Distribution of (a) files, (b) code blocks and (c) LOCs influenced per configuration variable

While mapping features, statements in the *maybe* category are identified as being potentially part of a feature's implementation. Statements are classified in this category because the conditions that control their execution are complex to analyze statically. Thus, we chose to identify these statements as potentially executed and leave it to the user to decide whether they are pertinent for a specified set of features. This choice was made so that our feature mapping remains conservative: some identified code may not be related to a feature, but all the code related to a feature is identified. This imprecision could be lessened by improving the analysis of control statements.

Many existing feature mapping approaches in the literature use a combination of static and dynamic analysis by combining IR and execution traces of test scenarios. Running tests can be very expensive for some software. This is especially true in the case of embedded and avionics systems, for which running test scenarios can be complex because of limited resources and timing issues. Our approach offers a less expensive approach to feature location. Moreover, given that parsers are available for many programming languages, the effort required to analyze a significant system is relatively low since our technique is entirely automated.

Using IR approaches on some systems can also give unreliable results, since the granularity of IR methods in published literature is usually at function level. This means that features implemented in specific sections of a function would not be mapped precisely. For legacy systems in which functions can sometimes have thousands of lines of code, this imprecision can be problematic. The granularity of our approach is at statement level: this allows us to locate features precisely among the source code.

We believe the approach presented in this paper is useful and easy to apply for most dynamically configured software systems. While in many cases dynamic or mixed approaches can give better results than a fully static approach, our technique has the advantage of giving results with minimal effort and expense by using only the source code as input. Moreover, it can be used in situations where dynamic approaches cannot be used because of the effort required.

Applying our feature location technique to a real avionics system, the FMS, gave us some interesting information about the system. Our interprocedural analysis revealed that features were rarely implemented at function level, but rather were spread across multiple sections of functions. Some features were also implemented across multiple, seemingly unrelated files, which validates that a feature location technique can be useful for developers to efficiently locate where features are implemented.

### 4.7.1 Limitations

The main limitation of the feature location technique presented here is that our analysis is based on evaluating the influence of software variables on control statements. This implies that only features for which execution is controlled by a configuration variable, as found in dynamically configured software, can be located. To locate features that are always active in a software program, other approaches such as the ones based on IR would be needed.

The *maybe* category in which some CFG nodes are classified is another limitation of our approach. This is caused by our analysis of boolean conditions found in control statements. Preferably, the condition analysis should be improved in order to minimize the amount of *somehowPlus* and *somehowMinus* properties assigned to configuration variables.

The way model checking is used in our methodology could also be seen as a limitation. Since we do not do a power set analysis of configuration variables, our approach does not consider the dependencies between the configuration variables during our analysis. Unfortunately, because of the state explosion problem and the amount of configuration variables contained in a software system, a power set analysis is not possible. For that reason, we propose a fast and feasible solution that analyzes each property of each variable independently, which forces us to merge those results together.

### 4.7.2 Threats to Validity

For our study, there are three primary sources of threat to the validity of the results: construct validity, internal validity and external validity.

Threats to *construct validity* concern the extent to which the methodology measures what was intended. In our case, the threat comes from three main sources.

The proposed approach considers all features to be independent from one another. Since the analysis is done independently for each feature, our approach cannot detect and consider dependencies between configuration variables. Our GUI allows the user to select his desired configuration variables, but there is currently no consideration of possible relationship between features. For example, there is no indication that two features must never be activated at the same time, or that two features are codependent.

The system we analyzed has some functions called dynamically through constant function pointers. However, they are all part of the UI and could be ignored in our case, since our industrial partners determined the UI was irrelevant for their reengineering objectives. Analyzing a system that contains function pointers would require determining which functions each function pointer can possibly call. For constant function pointers, this can be determined by analyzing the source code. However, if function pointers are not constant, pointer analysis techniques [2, 59] would have to be used.

Our current analysis does not consider assignments of configuration variables to other variables that are not configuration variables. For the system under study, those occurrences are currently ignored, which implies that it is possible that some conditions that use configuration variables indirectly were not analyzed. This could result in incomplete feature mapping for some features of the system. The use of slicing and flow analysis could be used to resolve this issue.

Threats to *internal validity* concern the extent to which conclusions about causal relationships can be made. These threats usually appear when the independent variable, in our case the features of the software, is manipulated. The internal validity of our study is not threatened because we have not manipulated the independent variable.

Threats to *external validity* concern the extent to which our results can be generalized. So far, our approach has only been evaluated on one large industrial system written in C. Though we were able to successfully map features to the code implementing them for this system, we cannot generalize our findings for more systems. Moreover, the entire methodology has not been assessed for other programming languages.

### 4.7.3 Future Work

Future work will focus on improving the precision of our results by extending our methodology. It would be possible to improve our condition analysis by subdividing complex control statement expressions into more groups, thus allowing for a more precise analysis of these expressions. The use of pointer analysis to consider function pointers would also allow our interprocedural analysis to cover entire software systems. Another possible improvement would be to use slicing and flow analysis to consider assignments of configuration variables to other variables during our analysis.

Analyzing the interdependencies between configuration variables, and thus features, would also be very interesting for program comprehension purposes. Results from our model checker contain the necessary information to assess the dependencies between variables. However, obtaining the interdependencies would require assessing each possible combination of variables, which is hardly feasible because of the amount of configuration variables found in dynamically configured software. Future work could include interpreting those model checking results to obtain pertinent interdependencies between features.

Our approach currently uses variables to distinguish among features. Future work will extend our feature location technique by using configuration patterns to distinguish among features, with variables being the simplest configuration patterns. Configuration patterns could include function calls and aspects, for example. Such an extension would allow our static analysis approach to be applicable to more systems.

Evaluating our methodology on other dynamically configured software is also of interest, as is comparing our static analysis feature location technique with dynamic analysis and IR-based approaches. Combining our approach with others could also lead to some novel ideas for feature location.

## 4.8   Conclusion

In this paper, we have presented a new approach to locate features in dynamically configured software using static analysis and model checking. We evaluated our technique on an industrial Flight Management System written in C.

The control statements of the FMS using configuration variables were analyzed and an annotated inter-procedural CFG was generated using a C parser. Model checking automata, four for each of the 629 configuration variables, were generated from the CFG. Model checking results for each automaton were then merged to locate the features related to each configuration variable in the source code.

Our technique was able to correctly locate features in the FMS. Moreover, we evaluated the distribution of features across the source code. While most features are typically located in a few files, it was found that some are distributed among a very large part of the system. We observed that 50 features are implemented with more than a thousand LOCs, whereas 25 features are implemented across more than 20 different files.

The repartition of some features of the FMS leads us to believe that our feature location approach is helpful for program comprehension. This is especially true for legacy avionics systems such as the FMS since their size and complexity can make them hard to comprehend. Better program comprehension can also be of great help for reengineering purposes, which is one of the objectives of our research project.

Future work will focus on improving the methodology to obtain more precise results. Analyzing the interdependencies between configuration variables based on our model checking results would also be very interesting for program comprehension purposes. While most existing work on feature location in the literature has focused on dynamic approaches, we believe that in some cases, feature location techniques based on static analysis are of interest for software maintenance and evolution because of their execution speed and affordability.

## Acknowledgments

This project has been funded in part by the Natural Sciences and Engineering Research Council of Canada (NSERC), the Consortium for Research and Innovation in Aerospace in

Quebec (CRIAQ) and our industrial partners.

## 4.9 Appendix: Truth Table for Classifying CFG Nodes

Table 4.5 shows the full truth table that can be obtained by applying equations 4.11 to 4.15 on the reachability profile of each of the four properties.

Table 4.5 Truth Table for Equations 4.11 to 4.15

| $def^+$ $(Gain(x_i), v_j)$ | $def^+$ $(Loss(x_i), v_j)$ | $def^+$ $(SomehowPlus$ $(x_i), v_j)$ | $def^+$ $(SomehowMinus$ $(x_i), v_j)$ | Category |
|---|---|---|---|---|
| | | | | $Common(x_i, v_j)$ |
| | | | X | $Maybe(x_i, v_j)$ |
| | | X | | $Maybe(x_i, v_j)$ |
| | | X | X | $Maybe(x_i, v_j)$ |
| | X | | | $Not(x_i, v_j)$ |
| | X | | X | $Not(x_i, v_j)$ |
| | X | X | | $Not(x_i, v_j)$ |
| | X | X | X | $Not(x_i, v_j)$ |
| X | | | | $Necessary(x_i, v_j)$ |
| X | | | X | $Necessary(x_i, v_j)$ |
| X | | X | | $Necessary(x_i, v_j)$ |
| X | | X | X | $Necessary(x_i, v_j)$ |
| X | X | | | $DeadCode(x_i, v_j)$ |
| X | X | | X | $DeadCode(x_i, v_j)$ |
| X | X | X | | $DeadCode(x_i, v_j)$ |
| X | X | X | X | $DeadCode(x_i, v_j)$ |

## Author's Biographies

**Maxime Ouellet** is a MASc candidate in computer engineering at École Polytechnique de Montréal, from where he obtained a BEng in software engineering in 2010. His main research interests are software analysis, model based development and software reengineering.

**François Gauthier** is a PhD candidate in computer engineering at École Polytechnique de Montréal. In 2005, he obtained BSc in bioinformatics from Université de Montréal and he followed this with a MSc in bioinformatics from the same university in 2007. His main research interests are application security, program analysis and software testing.

**Ettore Merlo** received the PhD degree in computer science from McGill University (Montreal) in 1989 and the Laurea degree (summa cum laude) from University of Turin (Italy) in 1983. He was the lead researcher of the software engineering group at Computer Research Institute of Montreal (CRIM) until 1993 when he joined École Polytechnique de Montréal where he is currently a professor. His research interests are in software analysis, software reengineering, user interfaces, software maintenance, artificial intelligence, and bioinformatics. He has collaborated with several industries and research centers in particular on software reengineering, clone detection, software quality assessment, software evolution analysis, testing, architectural reverse engineering, and dynamic genetic linkage analysis.

**Neset Sozen** is a PhD candidate in computer engineering at École Polytechnique de Montréal and a Software Engineer specialized in safety critical avionics software currently working at CMC Electronics Inc. (An Esterline Company). In 2001, he obtained a BEng in Computer Engineering from École Polytechnique de Montréal and, in 2006, a MASc in Computer Engineering from École de technologie supérieure. His main research interests are model based development, software product lines, formal methods and model-based safety critical software development.

**Martin Gagnon** is a Software Architect specialized in critical embedded software currently working at CMC Electronics Inc. (An Esterline Company). In 1994, he obtained a BEng in Electrical Engineering (avionics specialization) followed in 1997 by a MASc in Computer Engineering from École Polytechnique de Montréal. His main working interests are model based development, partioning architecture and flight management system.

## CHAPITRE 5

## DISCUSSION GÉNÉRALE

Ce chapitre contient une dicussion générale sur les recherches effectuées. On y retrouve d'abord une courte discussion, complémentaire à celle de l'article du chapitre précédent, sur la technique de localisation de fonctionnalités par analyse statique. Par la suite, l'impact des travaux effectués est analysée d'abord par rapport au projet de recherche dans lequel les travaux présentés ici s'inscrivent, puis par rapport au domaine de l'avionique. Enfin, quelques possibilités de recherches futures sont explorées.

### 5.1 Localisation de fonctionnalités par analyse statique

La méthode de localisation des fonctionnalités par analyse statique présentée au chapitre précédent est particulièrement intéressante pour les logiciels configurés dynamiquement. Pour ce type de systèmes, les approches existantes d'extraction de modèles de SPL sont inutilisables, puisque celles-ci se basent sur la comparaison de plusieurs logiciels entre eux. De plus, pour certains types de logiciels, notamment les systèmes embarqués comme on en retrouve dans le domaine de l'avionique, les différentes méthodes de localisation de fonctionnalités basées sur l'analyse dynamique ne peuvent être appliquées pour des raisons financières et logistiques.

Pour résoudre ce problème, une approche de localisation de fonctionnalités par analyse statique permettant d'obtenir des résultats similaires aux techniques utilisant l'analyse dynamique est pertinente. Il n'existe présentement aucune approche complètement automatique basée sur l'analyse statique du code. Les seules techniques ayant été publiées se basent sur le parcours manuel d'un graphe représentant le flot d'exécution du logiciel, ce qui prend un temps considérable si plusieurs fonctionnalités doivent être identifiées indépendemment.

Contrairement aux techniques existantes utilisant l'analyse statique, notre technique de localisation de fonctionnalités présentée au chapitre 4 est complètement automatisée. Il s'agit d'une caractéristique particulièrement avantageuse, puisque même les approches dynamiques publiées ne sont pas complètement automatisées étant donné qu'elles nécessitent la construction manuelle de plusieurs scénarios de tests. Notre approche statique permet de sélectionner un ensemble $X$ de variables de configuration du logiciel afin d'identifier le code dépendant de cet ensemble de variables. Dans un système configuré dynamiquement typique, chacune de ces variables contrôle l'exécution d'une fonctionnalité du système. Les sections dont l'exécution est dépendante de la valeur des variables dans $X$ sont facilement identifiables, ce qui permet de relier rapidement les diverses fonctionnalités du système au code les implémentant.

L'approche développée dans nos recherches a l'avantage de pouvoir générer très rapidement les résultats désirés par un utilisateur quelconque. En effet, puisque notre méthode se base sur la fusion de résultats provenant d'un *model checker*, la sélection de variables de configuration par l'utilisateur ne fait qu'indiquer quels résultats seront fusionnés entre eux. Tandis que que l'étape de *model checking* peut nécessiter quelques heures d'exécution pour un système de grande taille, la fusion des résultats afin de déterminer le code relié à un ensemble de variables de configuration s'effectue en quelques secondes. Une fois les résultats du *model checking* en main, il est donc possible d'obtenir de façon presque instantanée le code relié à n'importe quelle fonctionnalité dont l'exécution est contrôlée par une ou plusieurs variables de configuration.

Malgré tout, notre approche basée sur l'analyse statique présente quelques désavantages par rapport aux méthodes existantes. Elle est notamment plus complexe à implémenter, car elle nécessite trois outils différents permettant d'extraire le CFG à partir du code source, d'effectuer le *model checking* nécessaire et de fusionner les résultats obtenus afin de localiser le code pertinent. Advenant le cas où aucun de ces outils n'est déjà disponible, un effort non négligeable de programmation doit être effectué. Toutefois, il est à noter que les techniques utilisant l'analyse dynamique peuvent elles aussi nécessiter un effort important de programmation afin d'écrire tous les cas de test nécessaires à l'identification des fonctionnalités désirées.

Un autre inconvénient de notre approche statique est l'incertitude de certains résultats causée par l'analyse des conditions du code source. Étant donné que certaines conditions sont très complexes, il peut être difficile d'évaluer avec précision l'impact qu'a la valeur d'une variable impliquée dans la condition sur le flot de contrôle du programme. Dans cette situation, notre approche effectue un choix conservateur en se contentant simplement d'affirmer que le flot de contrôle relié à une condition complexe peut avoir été influencé par une variable de configuration impliquée dans la condition. Ceci implique que lors de la consultation des résultats, l'utilisateur doit juger de la pertinence des sections du code identifiées comme étant potentiellement influencées par l'ensemble de variables de configuration sélectionné. Les méthodes de localisation de fonctionnalités utilisant l'analyse dynamique ne présentent pas cet inconvénient, puisque leurs résultats se basent sur l'exécution du logiciel et non pas sur une prédiction de son comportement.

Un dernier désavantage de la technique développée dans nos recherches est qu'elle n'est applicable que pour un ensemble restreint de systèmes logiciels. L'approche proposée étant basée sur l'analyse de l'impact de différentes variables sur le flot de contrôle du logiciel, il est nécessaire que l'exécution des fonctionnalités à identifier soit pilotée par des variables de configuration. De tels systèmes configurés dynamiquement existent, mais à notre connaissance, il n'existe aucune statistique quant à leur nombre et leur répartition.

La méthodologie de localisation de fonctionnalités par analyse statique n'en étant qu'à sa première itération, plusieurs améliorations pourraient évidemment lui être apportées. L'exactitude de nos résultats pourrait être améliorée en peaufinant l'analyse des conditions complexes. Une approche possible serait de sous-diviser ces conditions en quelques sous-groupes dont certains seraient analysables : ceci permettrait de diminuer la quantité de conditions jugées comme étant complexes.

Étant donné l'utilisation de *model checking*, une quantité importante d'information est disponible pour chaque propriété de chaque variable de configuration. Les formules proposées n'utilisent que les propriétés pouvant être atteintes définitivement (*definitely*) afin de localiser le code relié aux différentes variables de configuration. Or, il est possible que de l'information intéressante pour les développeurs du logiciel puisse être calculée via les résultats complets du *model checking* pour les différentes propriétés. Selon les besoins des développeurs du logiciel analysé, davantage d'information pourrait donc être obtenue à partir de notre méthodologie.

Enfin, il serait pertinent de pouvoir déterminer les relations existantes entre les variables de configuration. Il est possible que l'exécution de certaines fonctionnalités soit en fait contrôlée par plusieurs variables, ou encore que certaines fonctionnalités soient prérequises à d'autres. Présentement, un utilisateur peut sélectionner un ensemble de variables de configuration pour voir le code relié, mais la sélection d'un ensemble pertinent nécessite une bonne connaissance du logiciel analysé. Or, les résultats obtenus via notre étape de *model checking* contiennent l'information nécessaire pour déterminer les relations entre les variables de configuration : il serait donc très pertinent d'améliorer la méthode en identifiant ces relations. Ce problème est toutefois complexe, car la quantité de variables et la grosseur du système analysé rend un algorithme non optimisé inutilisable.

## 5.2 Impact sur le projet de recherche

Les recherches présentées ici sont la première étape d'un projet de recherche visant à effectuer la réingénierie d'un système avionique afin d'utiliser le développement dirigé par les modèles et des méthodes formelles. La méthodologie de localisation des fonctionnalités par analyse statique vise à fournir l'information pertinente pour aider à la réingénierie du logiciel et à la construction de modèles de SPL. Dans le cas du FMS, étant donné que l'étape de réingénierie du logiciel inclut le passage d'un langage de programmation procédurale vers le paradigme orienté objet, ces tâches ne peuvent être effectuées de façon automatique avec les technologies actuelles, d'où la pertinence d'un outil permettant d'assister les ingénieurs en charge du projet.

Afin d'effectuer une réingénierie complète du code tout en conservant la richesse algorithmique du FMS, il est nécessaire d'identifier les algorithmes clés implémentant les diverses fonctionnalités critiques du système. Pour un système de grande taille en développement depuis plusieurs années, la localisation manuelle de ces algorithmes peut prendre beaucoup de temps. L'approche de localisation des fonctionnalités que nous proposons permet de rapidement identifier le code relié aux fonctionnalités d'un système. Dans le cadre d'une réingénierie, ce code peut ensuite être rapidement extrait et placé dans une classe représentant la fonctionnalité implémentée. Pour une réingénierie globale d'un logiciel, le gain en temps obtenu grâce à notre outil peut donc être considérable.

Pour appliquer le MDD tout en utilisant une SPL, il est préférable que chaque fonctionnalité soit implémentée par sa (ou ses) propre(s) classe(s). Ainsi, en bâtissant une architecture appropriée, il devient alors possible de sélectionner des fonctionnalités au niveau du modèle de SPL et de générer le code du produit approprié en incluant les classes reliées à chaque fonctionnalité sélectionnée. L'approche de localisation des fonctionnalités que nous proposons peut donc être utile afin de bâtir les classes nécessaires pour chaque fonctionnalité. Ces classes pourront ensuite être reliées aux différents éléments du modèle de SPL afin de permettre l'utilisation du MDD.

La prochaine étape du projet de recherche est de définir le type de modèle de SPL qui sera utilisé, puis d'effectuer une réingénierie du logiciel tout en bâtissant un premier modèle de SPL du système. Les résultats de notre méthodologie appliquée au FMS seront utilisés pour guider ces tâches.

## 5.3  Impact en avionique

En plus des applications pour notre projet de recherche en particulier, la méthode de localisation de fonctionnalités développée peut être pertinente pour plusieurs systèmes pour lesquels l'analyse dynamique n'est pas possible. Ces systèmes incluent notamment plusieurs logiciels du domaine de l'avionique ainsi que certains systèmes embarqués. En utilisant notre méthodologie et une démarche analogue à celle de notre projet de recherche, il serait possible d'offrir du support à diverses activités de réingénierie touchant ce type de logiciels.

Un autre impact important de notre méthodologie se situe au niveau de la compréhension de programme. De par leur complexité, il peut être assez difficile de rapidement comprendre le fonctionnement d'un logiciel avionique de grande taille. De plus, malgré l'âge de certains de ces systèmes, ceux-ci continuent d'évoluer et leur code doit donc être modifié fréquemment afin de s'adapter à de nouveaux requis. En permettant de rapidement localiser le code relié aux fonctionnalités du système, notre approche par analyse statique permet aux développeurs de pouvoir concentrer leurs efforts de compréhension sur les sections du code pertinentes à leur problème.

## 5.4 Travaux futurs

Plusieurs travaux de recherche sont à envisager afin de parfaire la localisation de fonctionnalités par analyse statique. Tout d'abord, tel que mentionné précédemment, il serait pertinent d'augmenter la précision des résultats obtenus en améliorant l'analyse des conditions complexes. L'utilisation d'analyses de flux afin de considérer la propagation de variables à travers le code serait aussi pertinente. En effet, l'approche actuelle ne tient pas compte des variables de configuration dont la valeur serait attribuée à des variables temporaires, qui elles peuvent être utilisées dans des conditions du code source. L'ajout d'une analyse de pointeurs lors de la génération du CFG serait également un atout, puisque cela rendrait la méthodologie applicable sur les systèmes logiciels utilisant des pointeurs de fontions dynamiques.

Tel que cela a été effectué avec certaines techniques existantes, il serait intéressant de comparer nos résultats avec ceux obtenus par d'autres approches de localisation de fonctionnalités, notamment les approches dynamiques. De plus, il pourrait être intéressant d'incorporer à notre approche certains aspects des autres types de méthodes, comme celles basées sur l'IR ou l'analyse dynamique, afin de compléter ou valider les résultats de notre analyse statique.

L'approche que nous proposons n'a été testée que sur un seul système programmé en C. Bien que la méthodologie soit théoriquement valable pour n'importe quel logiciel procédural, des travaux futurs pourraient appliquer la méthodologie sur d'autres logiciels, potentiellement programmés dans d'autres langages que le C.

Enfin, il serait intéressant d'essayer d'étendre la méthodologie afin qu'elle soit applicable pour des logiciels orientés objet. Pour traiter de tels systèmes, il faudrait prendre en compte le polymorphisme et l'héritage. Une solution relativement simple pourrait être de modifier l'aspect interprocédural du CFG du logiciel afin de faire pointer chaque appel de fonction pertinent à toutes les fonctions possibles. Une telle solution ajouterait toutefois beaucoup d'incertitude dans les résultats, donc il est probable qu'une meilleure solution doive être élaborée.

# CHAPITRE 6

# CONCLUSION

Les travaux présentés ici atteignent les trois objectifs proposés initialement. Grâce au développement d'une méthode de localisation de fonctionnalités par analyse statique, il nous a été possible de localiser avec précision l'endroit dans le code source où diverses fonctionnalités sont implémentées au sein d'un logiciel configuré dynamiquement. Cette localisation de l'implémentation de fonctionnalités se base sur la fusion des résultats obtenus en appliquant du *model checking* sur diverses propriétés des variables de configuration d'un système logiciel.

Notre méthodologie a été appliquée avec succès sur le FMS, un système de gestion de vol fourni par CMC Électronique. Le système entier a été analysé et les diverses fonctionnalités du FMS ont été localisées avec succès. Les résultats obtenus suite à notre analyse sont présentement utilisés afin d'aider à la réingénierie du FMS. Cette réingénierie est l'étape suivante du projet de recherche dans le cadre duquel notre technique de localisation de fonctionnalités a été développée.

En analysant les résultats obtenus pour le FMS, la distribution des fonctionnalités du FMS au sein du code source a été obtenue. La quantité de fichiers, de blocs de code et de lignes de code reliés à chaque fonctionnalité a été présentée et une courte analyse des causes de ces résultats a été effectuée.

L'approche de localisation de fonctionnalités par analyse statique présentée dans nos recherches est applicable pour les logiciels configurés dynamiquement. Diverses contraintes rendent ce type de système difficilement analysable dynamiquement, ce qui rend pertinent l'utilisation de l'analyse statique. Les résultats obtenus ont une moins grande précision que ce qui peut être obtenu via des méthodes utilisant l'analyse dynamique ou des méthodes mixtes. Toutefois, notre méthode présente l'avantage d'être rapide et complètement automatisée pour des logiciels de grande taille.

À court terme, il serait intéressant d'appliquer la localisation par analyse statique à de nouveaux systèmes afin de s'assurer de sa portabilité. Une comparaison formelle des résultats obtenus avec ceux des autres techniques serait aussi intéressante. L'amélioration de la précision de la technique via une meilleure analyse des conditions du programme et le traitement de pointeurs de fonctions serait aussi à considérer. Enfin, la modification de la technique afin de pouvoir l'appliquer à des systèmes orientés objets pourrait fournir un outil de compréhension du code extrêmement puissant pour les développeurs de logiciels modernes.

# RÉFÉRENCES

[1] L. Abo Zaid, F. Kleinermann, and O. De Troyer. Feature assembly : a new feature modeling technique. *Conceptual Modeling–ER 2010*, pages 233–246, 2010.

[2] L. Andersen. *Program analysis and specialization for the C programming language*. PhD thesis, University of Cophenhagen, 1994.

[3] G. Antoniol, G. Canfora, G. Casazza, A. De Lucia, and E. Merlo. Recovering traceability links between code and documentation. *IEEE Transactions on Software Engineering*, pages 970–983, 2002.

[4] G. Antoniol and Y. Guéhéneuc. Feature identification : a novel approach and a case study. In *Proceedings of the International Conference on Software Maintenance - IEEE Computer Society Press*, pages 357–366. IEEE, 2005.

[5] G. Antoniol and Y. Guéhéneuc. Feature identification : An epidemiological metaphor. *IEEE Transactions on Software Engineering*, 32(9) :627–641, 2006.

[6] T. Asikainen, T. Mannisto, and T. Soininen. A unified conceptual foundation for feature modelling. In *Proceedings of the 10th International Software Product Line Conference*, pages 31–40, 2006.

[7] T. Asikainen, T. Soininen, and T. Männistö. A koala-based approach for modelling and deploying configurable software product families. *Software Product-Family Engineering*, pages 225–249, 2004.

[8] M. Balazinska, E. Merlo, M. Dagenais, B. Lague, and K. Kontogiannis. Advanced clone-analysis to support object-oriented system refactoring. In *Proceedings of the Working Conference on Reverse Engineering*, pages 98–107. IEEE, 2000.

[9] M. Becker. Towards a general model of variability in product families. In *Software Variability Management Workshop Proceedings*, pages 19–27, Feb. 2003.

[10] S. Bellon, R. Koschke, G. Antoniol, J. Krinke, and E. Merlo. Comparison and evaluation of clone detection tools. *IEEE Transactions on Software Engineering*, 33(9) :577–591, 2007.

[11] J. Bergey. Options analysis for reengineering (oar) : A method for mining legacy assets. Technical Report CMU/SEI-2001-TN-013, Carnegie Mellon University, 2001.

[12] D. Beuche, H. Papajewski, and W. Schroder-Preikschat. Variability management with feature models. *Science of Computer Programming*, 53(3) :333–352, 2004.

61

[13] K. Chen and V. Rajlich. Case study of feature location using dependence graph. In *International Workshop on Program Comprehension*, pages 241–247. IEEE, 2000.

[14] E. Clarke. Model checking. In *Foundations of Software Technology and Theoretical Computer Science*, volume 1346 of *Lecture Notes in Computer Science*, pages 54–56. Springer Berlin / Heidelberg, 1997.

[15] K. Czarnecki, S. Helsen, and U. Eisenecker. Staged configuration using feature models. *Software Product Lines*, pages 162–164, 2004.

[16] K. Czarnecki, S. Helsen, and U. Eisenecker. Formalizing cardinality-based feature models and their specialization. *Software Process : Improvement and Practice*, 10(1) :7–29, 2005.

[17] M. Eaddy, A. Aho, G. Antoniol, and Y. Guéhéneuc. Cerberus : Tracing requirements to source code using information retrieval, dynamic analysis, and program analysis. In *International Conference on Program Comprehension*, pages 53–62. IEEE, 2008.

[18] T. Eisenbarth, R. Koschke, and D. Simon. Aiding program comprehension by static and dynamic feature analysis. In *Proceedings of the International Conference on Software Maintenance - IEEE Computer Society Press*, pages 602–611. IEEE, 2001.

[19] T. Eisenbarth, R. Koschke, and D. Simon. Feature-driven program understanding using concept analysis of execution traces. In *International Workshop on Program Comprehension*, pages 300–309. IEEE, 2001.

[20] T. Eisenbarth, R. Koschke, and D. Simon. Locating features in source code. *IEEE Transactions on Software Engineering*, pages 210–224, 2003.

[21] A. Eisenberg and K. De Volder. Dynamic feature traces : Finding features in unfamiliar code. In *Proceedings of the International Conference on Software Maintenance - IEEE Computer Society Press*, pages 337–346. IEEE, 2005.

[22] M. Eriksson, J. Börstler, and K. Borg. The pluss approach-domain modeling with features, use cases and use case realizations. *Software Product Lines*, pages 33–44, 2005.

[23] F. Gauthier, D. Letarte, T. Lavoie, and E. Merlo. Extraction and comprehension of moodle's access control model : A case study. In *2011 Ninth Annual International Conference on Privacy, Security and Trust (PST)*, pages 44–51. IEEE, 2011.

[24] H. Gomaa. *Designing software product lines with UML : from use cases to pattern-based software architectures*. Addison Wesley Longman Publishing Co., Inc. Redwood City, CA, USA, 2004.

[25] M. Griss, J. Favaro, and M. d'Alessandro. Integrating feature modeling with the rseb. In *Proceedings of the Fifth International Conference on Software Reuse*, pages 76–85. IEEE, 1998.

[26] A. Harhurin and J. Hartmann. Service-oriented commonality analysis across existing systems. In *Proceedings of the 12th International Software Product Line Conference*, pages 255–264. IEEE, 2008.

[27] A. Harhurin and J. Hartmann. Towards consistent specifications of product families. In *Proceedings of the 15th International Symposium on Formal Methods*. Springer Verlag, 2008.

[28] L. Hotz, K. Wolter, T. Krebs, S. Deelstra, M. Sinnema, J. Nijhuis, and J. MacGregor. *Configuration in industrial product families : the ConIPF methodology*. IOS Press, 2006.

[29] R. Jhala and R. Majumdar. Software model checking. *ACM Computing Surveys*, 41(4) :1–54, 2009.

[30] K. Kang, M. Kim, J. Lee, and B. Kim. Feature-oriented re-engineering of legacy systems into product line assets–a case study. *Software Product Lines*, pages 45–56, 2005.

[31] K. Kang, J. Lee, and P. Donohoe. Feature-oriented product line engineering. *IEEE Software*, 19(4) :58–65, 2002.

[32] K. C. Kang, S. G. Cohen, J. A. Hess, W. E. Novak, and A. S. Peterson. Feature-Oriented Domain Analysis (FODA) Feasibility Study. Technical report, Carnegie-Mellon University Software Engineering Institute, November 1990.

[33] K. Kim, H. Kim, and W. Kim. Building software product line from the legacy systems ïexperience in the digital audio & video domain: In *Proceedings of the 11th International Software Product Line Conference, Kyoto, Japan*, pages 171–180, 2007.

[34] R. Kolb, D. Muthig, T. Patzke, and K. Yamauchi. Refactoring a legacy component for reuse in a software product line : a case study. *Journal of Software Maintenance and Evolution : Research and Practice*, 18(2) :109–132, 2006.

[35] R. Koschke. Survey of research on software clones. In *Dagstuhl Seminar Proceedings on Duplication, Redundancy, and Similarity in Software*, 2007.

[36] R. Koschke, P. Frenzel, A. Breu, and K. Angstmann. Extending the reflexion method for consolidating software variants into product lines. *Software Quality Journal*, 17(4) :331–366, 2009.

[37] C. Krueger. Variation management for software production lines. In *Proceedings of the 2nd Internation Software Product Line Conference*, pages 37–48, Aug. 2002.

[38] A. Lakhotia. Understanding someone else's code : Analysis of experiences. *Journal of Systems and Software*, 23(3) :269–275, 1993.

[39] K. Lee, K. Kang, and J. Lee. Concepts and guidelines of feature modeling for product line software engineering. *Software Reuse : Methods, Techniques, and Tools*, pages 62–77, 2002.

[40] D. Letarte and E. Merlo. Extraction of inter-procedural simple role privilege models from php code. In *Proceedings of the Working Conference on Reverse Engineering*, pages 187–191. IEEE, 2009.

[41] D. Liu, A. Marcus, D. Poshyvanyk, and V. Rajlich. Feature location via information retrieval based filtering of a single scenario execution trace. In *Proceedings of the 22nd IEEE/ACM international conference on Automated software engineering*, pages 234–243. ACM, 2007.

[42] A. Marcus and J. Maletic. Recovering documentation-to-source-code traceability links using latent semantic indexing. In *Proceedings of the International Conference on Software Engineering*, pages 125–135. IEEE Computer Society, 2003.

[43] A. Marcus, A. Sergeyev, V. Rajlich, and J. Maletic. An information retrieval approach to concept location in source code. In *Proceedings of the Working Conference on Reverse Engineering*, pages 214–223. IEEE, 2004.

[44] G. Murphy and D. Notkin. Reengineering with reflexion models : A case study. *IEEE Computer*, 30(8) :29–36, 1997.

[45] G. Murphy, D. Notkin, and K. Sullivan. Software reflexion models : Bridging the gap between design and implementation. *IEEE Transactions on Software Engineering*, 27(4) :364–380, 2001.

[46] L. O'Brien and D. Smith. Map and oar methods : Techniques for developing core assets for software product lines from existing assets. Technical Report CMU/SEI-2002-TN-007, Carnegie Mellon University, Apr. 2002.

[47] K. Pohl, G. Böckle, and F. Van Der Linden. *Software product line engineering : foundations, principles, and techniques*. Springer-Verlag New York Inc, 2005.

[48] D. Poshyvanyk, Y. Guéhéneuc, A. Marcus, G. Antoniol, and V. Rajlich. Feature location using probabilistic ranking of methods based on execution scenarios and information retrieval. *IEEE Transactions on Software Engineering*, 33(6) :420–432, 2007.

[49] Pure-Systems. Pure-systems website, Nov. 2011. http://www.pure-systems.com.

[50] M. Revelle, B. Dit, and D. Poshyvanyk. Using data fusion and web mining to support feature location in software. In *International Conference on Program Comprehension*, pages 14–23. IEEE, 2010.

[51] M. Riebisch, D. Streitferdt, and I. Pashov. Modeling variability for object-oriented product lines. In *Object-Oriented Technology. ECOOP 2003 Workshop Reader*, pages 165–178. Springer, 2004.

[52] C. Roy and J. Cordy. A survey on software clone detection research. *Queen's School of Computing TR*, 541 :115, 2007.

[53] T. Savage, M. Revelle, and D. Poshyvanyk. Flat 3 : feature location and textual tracing tool. In *Proceedings of the International Conference on Software Engineering*, pages 255–258. ACM, 2010.

[54] D. A. Schmidt. Data flow analysis is model checking of abstract interpretations. In *PProceedings of the 25th symposium on Principles of programming languages (POPL)*, pages 38–48. ACM, 1998.

[55] P. Schobbens, P. Heymans, J. Trigaux, and Y. Bontemps. Generic semantics of feature diagrams. *Computer Networks*, 51(2) :456–479, 2007.

[56] S. She, R. Lotufo, T. Berger, A. Wasowski, and K. Czarnecki. Reverse engineering feature models. In *Proceedings of the International Conference on Software Engineering*. ACM Press, 2011.

[57] M. Sinnema and S. Deelstra. Classifying variability modeling techniques. *Information and Software Technology*, 49(7) :717–739, 2007.

[58] M. Sinnema, S. Deelstra, J. Nijhuis, and J. Bosch. Covamof : A framework for modeling variability in software product families. *Software Product Lines*, pages 25–27, 2004.

[59] B. Steensgaard. Points-to analysis in almost linear time. In *Proceedings of the 23rd ACM SIGPLAN-SIGACT symposium on Principles of programming languages*, pages 32–41. ACM, 1996.

[60] C. Stoermer and L. O'Brien. Map-mining architectures for product line evaluations. In *Proceeding sof the Working IEEE/IFIP Conference on Software Architecture*, pages 35–44. IEEE, 2001.

[61] A. van der Hoek. Design-time product line architectures for any-time variability. *Science of computer programming*, 53(3) :285–304, 2004.

[62] T. von der Maßen and H. Lichter. Requiline : A requirements engineering tool for software product lines. *Software Product-Family Engineering*, pages 168–180, 2004.

[63] N. Wilde, M. Buckellew, H. Page, V. Rajlich, and L. Pounds. A comparison of methods for locating features in legacy software. *Journal of Systems and Software*, 65(2) :105–114, 2003.

[64] N. Wilde, J. Gomez, T. Gust, and D. Strasburg. Locating user functionality in old code. In *Proceedings of the International Conference on Software Maintenance - IEEE Computer Society Press*, pages 200–205. IEEE, 1992.

[65] N. Wilde and M. Scully. Software reconnaissance : mapping program features to code. *Journal of Software Maintenance - Research and Practice*, 7(1) :49–62, 1995.

[66] W. Wong, S. Gokhale, J. Horgan, and K. Trivedi. Locating program features using execution slices. In *Proceedings of the 1999 IEEE Symposion on Application-Specific Systems and Software Engineering and Technology (ASSET)*, pages 194–203. IEEE, 1999.

[67] W. Zhao, L. Zhang, Y. Liu, J. Luo, and J. Sun. Understanding how the requirements are implemented in source code. In *Tenth Asia-Pacific Software Engineering Conference*, pages 68–77. IEEE, 2003.

[68] W. Zhao, L. Zhang, Y. Liu, J. Sun, and F. Yang. Sniafl : Towards a static noninteractive approach to feature location. *ACM Transactions on Software Engineering and Methodology*, 15(2) :195–226, 2006.

[69] T. Ziadi, L. Hélouët, and J. Jézéquel. Towards a uml profile for software product lines. *Software Product-Family Engineering*, pages 129–139, 2004.

[70] T. Ziadi and J. Jézéquel. Families research book, chapter product line engineering with the uml : Products derivation. *LNCS. Springer Verlag*, pages 557–588, 2006.

www.ingramcontent.com/pod-product-compliance
Lightning Source LLC
Chambersburg PA
CBHW020313220326
41598CB00017BA/1547